图书馆特色资源建设研究

孙振强　刘　慧　著

北京工业大学出版社

图书在版编目（CIP）数据

图书馆特色资源建设研究 / 孙振强，刘慧著． — 北京 ：北京工业大学出版社，2021.4
ISBN 978-7-5639-7937-0

Ⅰ．①图… Ⅱ．①孙… ②刘… Ⅲ．①文献资源－图书馆管理－研究 Ⅳ．①G253.5

中国版本图书馆 CIP 数据核字（2021）第 081831 号

图书馆特色资源建设研究

TUSHUGUAN TESE ZIYUAN JIANSHE YANJIU

著　　者：孙振强　刘　慧
责任编辑：张　贤
封面设计：知更壹点
出版发行：北京工业大学出版社
（北京市朝阳区平乐园 100 号　邮编：100124）
010-67391722（传真）　bgdcbs@sina.com
经销单位：全国各地新华书店
承印单位：北京亚吉飞数码科技有限公司
开　　本：710 毫米 ×1000 毫米　1/16
印　　张：11.75
字　　数：235 千字
版　　次：2022 年 7 月第 1 版
印　　次：2022 年 7 月第 1 次印刷
标准书号：ISBN 978-7-5639-7937-0
定　　价：60.00 元

作者简介

孙振强，女，1978 年 5 月出生，江苏省南京市人，毕业于南京农业大学，大学本科学历，现任金陵图书馆分馆建设部主任。研究方向：图书馆资源建设、读者服务、阅读推广。参与完成江苏省图书馆学会课题两项，获 2019 年度南京市社科普及工作项目资助。

刘慧，女，1982 年 12 月出生，江苏省南京市人，毕业于南京师范大学，硕士研究生学历，现任南京晓庄学院图书馆副研究馆员。研究方向：图书馆资源建设、图书馆智慧服务。主持并完成江苏教育厅高校哲社基金课题，发表论文二十余篇。

前 言

图书馆作为保存人类知识文化遗产和传播知识信息的部门，在整个社会的政治、经济、文化活动中具有十分重要的地位。图书馆发展水平的高低，在一定程度上反映了整个社会的发展水平和文明程度，这一点已经成为人们的共识。

随着图书馆事业的快速发展，图书馆仅通过购买纸本文献资源、电子数据库已无法满足读者的需求，越来越多的图书馆着手建设特色资源，并使其成为图书馆馆藏资源的重要组成部分，以满足读者多样化的需求。图书馆特色资源是指一个图书馆所收藏的文献资料具有自己的独特风格，它包含两个方面的含义：一是一个图书馆拥有独具特色的文献资源；二是一个图书馆总的馆藏体系具有与众不同的特点。

本书共九章。第一章为绪论，讲述了图书馆概况、现代图书馆的概念及职能、图书馆资源的界定及利用、信息时代图书馆资源建设构想以及未来图书馆资源共享发展的趋势等内容；第二章为图书馆文献资源建设与共建共享，讲述了图书馆文献资源建设及图书馆文献资源的共建共享等内容；第三章为全媒体环境下的图书馆资源建设，讲述了全媒体概念的基本内涵、全媒体时代对图书馆的影响及应对策略、全媒体环境下图书馆资源建设面临的挑战以及全媒体时代图书馆资源建设的途径和发展趋势等内容；第四章为高校图书馆资源建设，讲述了高校图书馆资源建设的现状、高校图书馆资源建设的定位及实施、高校图书馆资源建设存在的主要问题和解决途径以及高校图书馆资源建设的策略及优化措施等内容；第五章为公共图书馆资源建设，讲述了公共图书馆资源概况、公共图书馆资源配置现状、公共图书馆资源建设的基本原则及策略以及公共图书馆与高校图书馆资源共建共享策略等内容；第六章为数字图书馆资源建设，讲述了数字图书馆概况、数字图书馆资源建设的现状以及数字图书馆资源建设的举措及路径等内容；第七章为图书馆特色资源建设，讲述了图书馆特色资源概况、图书馆特色资源建设的现状、图书馆开发特色资源的定位及途径以及利用图书馆特色资源开展特色服务等内容；第八章为图书馆特色资源建设成功案例，讲述了上海财经大学图书馆 500 强企业特藏建设、公共图书馆红色文化服务推广——以广西桂林图书馆为例以及图书馆创客空间特色服务——以长沙图书馆

“新三角创客空间”为例等内容；第九章为图书馆特色资源发展展望，讲述了区域图书馆的特色资源共建共享、图书馆特色数据库开放存取以及基于云计算的图书馆特色资源共建共享等内容。

为了配合图书馆的特色文献资源建设工作，完善图书馆的文献资源体系，我们组织撰写了本书。本书适用于开展特色资源建设工作的高校图书馆和公共图书馆，尤其是对图书馆馆员从事图书馆特色资源建设具有一定的指导意义。

尽管我们尽了最大努力将最新的资源奉献给读者，但是由于图书馆的特色资源总是在不断完善、不断增加的，在本书出版时一些图书馆的特色资源可能略有变化，但这并不影响读者对图书馆特色资源的了解。由于笔者水平有限，加之时间仓促，书中难免有疏漏和不足之处，敬请广大读者批评指正。

目 录

第一章 绪 论

中国古代的各种藏书处所，被后人通称为藏书楼，直到19世纪末我国才出现“图书馆”一词。图书馆英文翻译为“library”，源于拉丁语“librarium”，原义为藏书之所。图书馆的工作对象是文献信息和读者，其工作程序是对信息进行收集、整理、保存、研究和开发、传递，其活动目的是提供利用与服务，以用为主，具有学术性、文化性、教育性和服务性。

第一节 图书馆概况

图书馆是搜集、整理、收藏图书资料以供人阅览、参考的机构，具有保存人类文化遗产、开发信息资源、参与社会教育等职能。据《在辞典中出现的图书馆》记载，图书馆一词最初在日本的文献中出现是在1877年；而最早在我国文献中出现，当推《教育世界》第62期中所刊出的一篇《拟设简便图书馆说》，时为1894年。我国最早的省级图书馆为1904年创办的湖北省图书馆。

图书馆作为人类社会收集、整理、传播、交流文化成果的一种信息管理服务设施机构，不是自然产生的，而是人类社会文化创造与发展的必然成果。在图书馆的发展建设过程中，社会文化环境和民族文化传统又是影响图书馆发展的最为重要和直接的原因。所以说，图书馆的形态是文化的一种具体形态，图书馆的产生和发展是人类创造的一种社会文化现象。另外，图书馆工作是文化工作，图书馆事业是文化事业，这在图书馆的历史发展和现实领域中得以体现。图书馆是人类社会活动的产物，它作为知识传播的实体结构从一开始就是为了满足社会的需求而产生的，并与社会建立了关系。在漫长的历史发展过程中，图书馆与社会的联系更加紧密，与社会同步前进。同时图书馆的发展对人类社会的发展变化有重要影响，它对政治、经济具有反作用，对社会的科学文化教育事业的发展具有推动作用。图书馆作为人类社会知识存储与传播的社会机构，是人类创造的一种社会文化现象，它的社会文化功能的发挥，又在一定程度上影响着社会文化环境。图书馆作为开放的知识与信息中心，是促进学习型社会与和谐社会发展的保障。

一、图书馆的定义

关于图书馆的科学定义，由于人们的认识和侧重点不同，表述也各不相同。到目前为止，可以说没有一个公认的标准化的定义。现将国内外关于图书馆有代表性的定义列举如下。

英国的《英国百科全书》对图书馆的解释：图书馆是把很多书收藏在一起，为了阅读、研究或参考。

法国的《拉鲁斯百科全书》对图书馆的解释：图书馆的任务是保存用各种不同文字写成的、用各种方式表达的人类思想资料……图书馆收藏各种类别的、组织起来的图书资料，以便用于学习、研究。

日本的《广辞苑》对图书馆的解释：图书馆是搜集、保管大量书籍，供公众阅读的设施。

苏联的《苏联大百科全书》对图书馆的解释：图书馆是组织社会利用出版物的文化教育和科学辅助机关。

美国的《美国百科全书》对图书馆的解释：图书馆自出现以来，经历了多个世纪，一直担负着收集、保存和提供资料三项主要职能。

中国的《辞海》对图书馆的解释：图书馆是搜集、整理、收藏和流通图书资料，以供读书、学习和参考研究的文化机构。其中包含两层含义：一是图书馆是收藏图书资料的地方；二是图书馆收藏的图书资料是供人使用的。“藏”是用的前提，“用”是藏的目的，二者相辅相成，缺一不可。

我国图书馆界著名学者吴慰慈在《图书馆学概论》（1985 年版）中提出：“图书馆是搜集、整理、保管和利用书刊资料，为一定社会的政治、经济服务的文化教育机构。”这个定义反映了 20 世纪 90 年代以前人们对图书馆的认识，它是对传统图书馆本质的概括。这个定义可以回答有关传统图书馆的四个问题：一是图书馆的工作程序——对书刊资料进行搜集、整理、保管和利用；二是图书馆的工作对象——书刊资料；三是图书馆活动的目的——为一定社会的政治、经济服务；四是图书馆的性质——文化教育机构。

二、图书馆发展简史

图书馆自产生以来，至今已有 5000 多年的历史，从世界范围看，图书馆漫长的发展历程大体可分古代图书馆、近代图书馆、现代图书馆三个阶段。古代图书馆时期为从文献整理活动出现经中世纪和文艺复兴到1850年；近代图书馆时期为从1850年到1945年第二次世界大战结束；现代图书馆时期为第二次世界大战结束至今。各个不同阶段的图书馆，其形态、特征和作用都各不相同。

（一）古代图书馆

古代图书馆，开端于奴隶社会，到封建社会逐渐发展成熟。早在奴隶社会，无论是中国的殷商甲骨文，还是世界其他文明古国，如巴比伦、古埃及的楔形文字泥板文献，都不同程度地说明了在全世界范围内，图书馆的起源与文字和文献的发展息息相关，图书馆是文化发展到一定阶段的产物，是一种普遍的人类社会文化现象，也是人类文明发展到一定阶段的进步标志。

我国古代的图书馆叫藏书阁或藏书楼，而非称作图书馆，其他称谓还有"府""观""台""殿""院""堂""斋"等。如西周的盟府，两汉的石渠阁、东观和兰台，隋朝的观文殿，宋朝的崇文院，明代的澹生堂，清朝的四库全书七阁等。"图书馆"是一个外来语，于19世纪末从日本传到我国。

中华文化延续数千年而没有中断，主要得益于藏书楼、藏经楼等比较完善的文献保存体系。而古印度、古埃及、古巴比伦遗存的主要是石质建筑和雕刻文化，典籍文献传承则出现了中断，战争、宗教和政治变迁左右了文明的进程，也影响了图书馆的馆藏。

公元前1400年，殷商时期产生了甲骨文。19世纪末在河南安阳小屯村出土的甲骨文，有些除了正文外还有编号，据考证，很可能就是当时图书馆或档案馆保存的文献。我国的封建社会制度延续了两千多年，在这期间图书馆的发展可分为官府藏书、私家藏书、书院藏书和寺观藏书四种类型。

中国最早的文献可追溯到公元前14世纪至前11世纪，即商代后期的甲骨文献和金文文献。商代设有史官，掌管记录重大事件及统治者的言行的图书档案。周代除王室有收藏文献的库室外，各诸侯国也有本国的文献库室，在春秋战国时已流行以竹木和缣帛为载体的文献，记录文字较前便利得多。在以上这些时期，图书和档案工作是结合在一起的。

秦汉以后，图书馆工作逐渐与档案管理和史官职责相分离，开始走上独立发展的道路。汉代造纸术的发明与改进，为纸质文献的产生提供了条件。三国魏晋南北朝由于战争频繁，无论是各国的官府藏书，还是私人藏书，都历经了几代积累、破坏和恢复，但图书馆仍呈现曲折上升的发展趋势。

隋唐手抄本盛行，推动了图书馆事业的发展。唐代发明的雕版印刷术，在宋代得到普遍推广，文献的生产更加方便，五代十国时期曾一度凋敝的图书馆事业又迅速复兴起来，并且出现了新的图书馆类型——书院藏书。金、元两代图书馆没有重大发展。明代又掀起高潮，以私人藏书成绩最为可观，成了图书馆事业的主流。

清代无论是官府藏书还是私家藏书在数量和规模上都大大超越了明代。鸦片战争以后，封建时代的图书馆事业逐渐向近代图书馆事业过渡。

总之，古代图书馆有着为政治服务、为宗教服务的显著特点，履行了保存人类传统文化遗产的神圣使命。其核心价值可以归纳为：藏用结合，以藏为主，为少数统治者、贵族和知识阶层服务。

（二）近代图书馆

古代图书馆的文献流通量小，比较封闭，是农业文明的产物。近代图书馆则是工业文明的产物，其宗旨是对文献藏用并重，以用为主；管理上逐渐形成了从采集、分类、编目、典藏到阅览、宣传、外借流通、参考咨询、情报服务等一整套较为系统的科学方法。

第二次世界大战后，在世界政治、经济和技术力量的推动下，出版物数量激增。各国政府为了有效地推动图书馆事业的建设，充分发挥图书馆的社会功能，纷纷采取措施，修订图书馆法，推行文献工作标准化，加强图书馆馆员的培训和教育，扩大图书馆资源共享的范围。

1. 西方近代图书馆

西方近代图书馆起源于文艺复兴和宗教改革时期，欧洲进入资本主义社会后，大机器生产需要有文化的工人，教育开始普及平民阶层，文献生产能力大大提高，从而促使一些全国性的图书馆开始向社会开放。

19 世纪初，在资本主义社会兴起的公共图书馆得到了确立和发展，它具有向所有居民免费开放、经费来源于各级行政机构的税收、设立和管理具有法律保证等特征。公共图书馆的普及，是近代图书馆事业的突出成就，与此同时，近代大学图书馆、专业图书馆等也有了长足的发展。19 世纪 70 年代以后，美国图书馆事业开始进入世界先进行列。欧洲，特别是英国、法国、瑞士、德国和俄国等国的图书馆事业也取得了显著的进步。图书馆界在国际上的活动越来越活跃，国际文献联合会、国际图书馆协会和机构联合会相继成立。

近代图书馆的主要标志是公共图书馆的建立。17 世纪以后，许多国家都建立了全国性的公共图书馆，具有代表性的包括：1661 年，德国建立了柏林皇家图书馆；1721 年，西班牙成立了国家文库；1735 年，法国皇家图书馆开始对群众开放；1753 年，英国伦敦不列颠博物院图书馆成立；1800 年，美国国会图书馆成立；1852 年，英国曼彻斯特建立公共图书馆；1854 年，美国波士顿公共图书馆建立；19 世纪末 20 世纪初，欧美各国相继建立了公共图书馆，社会公众能够普遍利用图书馆。

2. 中国近代图书馆

19 世纪末叶，在戊戌变法运动的影响下，一些开明的维新派人士请求开设公共藏书楼。在维新派人士的请求和倡议下，成立了不少新式学堂、藏书楼和阅览室。1896—1898 年，共建学会 87 个、学堂 131 所、报馆 91 所；更可贵的是搜集新学、西学文献，对其收藏并加以保管。

辛亥革命以后，一批图书馆学者的理论论著与实践对中国图书馆学的建设和研究做出了较大贡献。1925 年，中华图书馆协会成立，次年创办了《中华图书馆协会会报》和《图书馆学季刊》，掀起了新图书馆运动。

1902 年，浙江绍兴的徐树兰以一己之力筹建古越藏书楼，于 1904 年正式开放。湖南图书馆和湖北图书馆也先后成立。

1910 年，北京图书馆的前身京师图书馆开始筹建，于 1912 年正式开放。

辛亥革命和五四运动都给近代中国图书馆的建设注入了新的活力。20 世纪 20—30 年代，图书馆事业发展较快。据统计，1930 年全国有各类型图书馆 2935 所，到 1936 年达到了 5196 所。

（三）现代图书馆

现代图书馆指第二次世界大战结束直到现在的图书馆，是第三代图书馆。第二次世界大战结束后，随着科学技术的迅猛发展和现代化技术设备的广泛应用，特别是电子计算机的出现并在图书馆中得到应用，图书馆的面貌发生了深刻变化，世界各国的图书馆正在逐步实现现代化，表现出了显著特点。

1. 现代图书馆的特点

现代图书馆具有信息处理自动化、文献类型多样化、资源共享化、服务人性化等特点。

（1）信息自动化

随着科学技术的飞速发展，计算机在图书馆得以广泛应用，取代了存储和获取知识的手工操作方式，实现了信息处理自动化，极大地提高了工作效率。

（2）文献类型多样化

缩微和声响技术的应用，使图书馆文献类型发生了很大变化，除了传统的印刷纸质文献外，增加了磁盘、光盘、音频、视频等非印刷文献。电子文献已经成为图书馆的重要文献类型，并占据主导地位，利用率极高。

（3）资源共享化

随着网络的普及，图书馆组织向网络化、国际化发展，实现了最大范围的文献资源共享。除了保存文化典籍和进行社会教育外，传递科技情报信息已成为其重要的职能之一。

（4）服务人性化

图书馆对现代化技术的应用，除了让图书馆知识信息加工工作逐渐深入、标准和规范外，对读者提供的服务也更加多样化和人性化。图书馆要树立人性化的服务理念，丰富人性化的服务内容，重视人性化服务设施的建设，创建人性化的图书馆环境。

总之，现代图书馆是信息时代的产物，它已由单纯的收集、整理、利用文献的比较封闭的系统，发展到以传递文献为主的、全面开放的信息系统。

2. 现代图书馆的服务原则

服务是图书馆的基本宗旨。图书馆现代化发展的最终目的就是为读者提供更好的服务。现代图书馆服务的基本原则可以概括为：自由、开放、平等和免费，服务的核心内容是基本文献和信息服务、知识服务、智能化服务和泛在服务。现代图书馆服务主要围绕“文献服务—信息服务—知识服务—智能服务—智慧服务”这5个核心逐层深入，协调发展。其中，文献服务是基础，信息服务是文献服务的拓展，知识服务是文献服务和信息服务的进一步深化，智能服务和智慧服务是新技术影响下图书馆服务的全面升华。从文献服务到智慧服务的发展是一个从低级到高级的递进过程，是图书馆服务不断精进的过程。信息时代的图书馆服务功能比之前更有助于读者认识世界、了解世界、挖掘潜力、发展事业和享受生活。

三、图书馆分类

（一）图书馆国际分类

1974年国际标准化组织颁布了《国际图书馆统计标准》［ISO 2784—1974（E）］，其中“图书馆的分类”一章将图书馆划分为国家图书馆、高等院校图书馆、其他主要的非专门图书馆、学校图书馆、专门图书馆和公共图书馆六大类。

（二）我国图书馆分类

1. 图书馆划分标准

在我国，通常使用的划分图书馆类型的标准主要有以下几种。

①按图书馆的管理体制（隶属关系）划分。如文化系统图书馆、教育系统图书馆、科学研究系统图书馆、工会系统图书馆、共青团系统图书馆、军事系统图书馆等。

②按馆藏文献范围划分。如综合性图书馆、专业性图书馆等。

③按用户群划分。如儿童图书馆、盲人图书馆、少数民族图书馆等。

④按图书载体划分。如传统图书馆、数字图书馆、移动图书馆、真人图书馆等。

2. 我国图书馆类型

我国图书馆的类型主要有：国家图书馆、公共图书馆、高等院校图书馆、科学与专业图书馆、技术图书馆、工会图书馆、军事图书馆、儿童图书馆、盲人图书馆、少数民族图书馆等。下面重点介绍前四类图书馆。

（1）国家图书馆

国家图书馆是由国家开办的面向全国担负着国家总书库职能的图书馆。它是一个国家的信息保障与服务中心，承担着典藏国家文献资源、记忆国家文明与文化的重任，代表一个国家图书馆事业的发展水平。中国国家图书馆收录古今中外文献资料，面向中央国家领导机关，重点科研、教育、生产单位和社会公众服务。

国家图书馆是国家总书库，国家书目中心，国家古籍保护中心，国家典籍博物馆。它秉承“海纳百川，终成文献渊薮；服务社会，铸就知识津梁”的宗旨，履行国内外图书文献收藏和保护的职责，指导协调全国文献保护工作；为中央和国家领导机关、社会各界及公众提供文献信息和参考咨询服务；开展图书馆学理论与图书馆事业发展研究，指导全国图书馆业务工作；对外履行有关文化交流职能，参加国际图书馆协会联合会及相关国际组织，开展与国内外图书馆的交流与合作。

（2）公共图书馆

公共图书馆是由国家中央或地方政府管理、资助和支持的，或者一些其他社区组织支持和资助的机构，它通过提供一系列资源和服务来满足人们对知识、信息和形象思维作品的需求，社区所有成员都有享受其服务的权利，而不受种族、国籍、年龄、性别、宗教信仰、语言、能力、经济和就业状况或教育程度的限制。

我国的公共图书馆包括省、直辖市、自治区图书馆和各县市图书馆。公共图书馆的资源与服务与当地的经济发展水平密切相关，其特色是生活化和地方化的资源丰富，读者主要为当地市民，以服务大众、普及科学文化知识、提高全民科学文化素质为首要任务。

公共图书馆的基本宗旨是通过提供各种形式的资源和服务来满足个人与团体在教育、信息化发展，包括娱乐和休闲方面的需求。它向个人提供获得大量知识、思想和见解的途径，对民主社会的发展和维护起着重要作用。

我国的公共图书馆指那些业务上由文化和旅游部负责协调指导、地方政府提供财政支持、为广大人民群众服务的各级图书馆。公共图书馆是面向社会公众开放的图书馆，担负着为大众服务和为科学研究服务的双重任务，其中为大众服务、普及科学文化知识、提高全民科学文化水平是它的首要任务。它的藏书非常广泛，大多比较综合，内容涉及各个学科，通俗性、学术性兼顾，如文学作品、传记资料、家居旅游资料、音像制品等。除满足一般读者的需求外，公共图书馆多会有一些有特色的馆藏，如首都图书馆的地方志文献特藏。公共图书馆的服务群体极其广泛，从年龄上看，包括从幼儿、成年人到老年人的所有年龄段；从职业方面看，包括农民、工人、学生、专业技术人员、政府人员和失业人员等各行各业的人员。

（3）高等院校图书馆

高等院校图书馆指隶属于特定大学、学院或其他高等教育机构，为学校的教师、学生、专职研究人员和管理人员的情报需求服务的机构。高等院校图书馆不仅是高校的文献信息中心，而且是为学校的科研和教学等活动提供服务的学术性机构。高等院校图书馆是我国图书馆事业中的一个重要类型。它虽属于学校图书馆的范畴，但又不同于一般的学校图书馆。

高校图书馆根据本校学科专业特点，收藏有丰富的、系统的、连续的和可靠的文献，是学校信息资源中心，是为教学与科研提供文献支撑和信息服务的学术性机构，其建设水平是学校总体水平的重要标志，与实验室、师资共同构成现代化大学生存的三大保障因素。其主要服务对象为本校师生，学生利用图书馆的质量和能力直接反映学生获取信息和知识的能力与素质，因此学生在大学阶段必须学会有效利用图书馆。

高校图书馆的用户群体主要包括：在校学生、教师、科研人员、教辅人员、管理人员和部分的校外人员。这些群体中，主要能够影响到图书馆决策和利用率的群体是前三类用户，即在校学生、教师和科研人员。

高校图书馆主要职责是为用户提供文献信息资源和服务，保证学校科研、教学、社会服务和管理等任务的顺利完成。具体工作如下。

①提供文献资源，为学校的科研和学校的教学提供文献信息保障。一方面根据自己的藏书建设方针对所能获得的文献资料进行选择，同时也配合学校教授或其他教职员的要求或建议进行选择；另一方面要自行建设特色馆藏，开展特色服务。

②对文献资料进行科学的加工和整理。对开放获取的网络学术资源进行整理，建立必要的目录和链接，便于读者搜索和利用。

③以教师和学生为主要服务对象，提供多种信息服务。同时还要为馆外读者建设一个开放式的网络化环境，使馆内局域网通过校园网与教育网（CERNET）及因特网等网络相连，努力为广大师生创造进行全球信息资源共享的条件。

④开展读者教育，提高师生的信息素养。开展各种形式的教育活动，包括校内正式课程、讲座以及远程教育课程。

⑤建立专业分馆，在资源建设和业务活动方面，总馆与分馆分工合作。这些分馆或资料室的职责是负责相关专业的文献资源的收集、整理和服务，服务对象主要是相关专业的教师、研究生和本科生，但也接待对分馆馆藏有需要的其他院系的读者。

（4）科学与专业图书馆

科学与专业图书馆主要指科学院系统的图书馆、政府部门及其所属研究院所的图书馆等，它主要为各类专业人员提供科学研究与生产技术服务，其馆藏文献高度专业化，学科内容专深。2000 年 6 月，该类图书馆共同组建了一个虚拟的科技文献信息服务机构，即国家科技图书文献中心，又名国家科技数字图书馆。其特色是企业实用资源如国内外标准、规范等比较丰富，读者对象主要为行业内企事业单位、科研单位的科研人员与管理人员。

科学与专业图书馆是指专门收集、整理、保存并能迅速提供某一专业或学科的文献信息的服务性学术机构，是一种专门的图书馆。该图书馆的主要服务群体包括本部门、本系统的工程技术人员和科研人员。国外有些科学图书馆是公共性质的专业图书馆，其主要任务是为科学研究服务，广泛开展科学信息活动，搜集和提供最新信息资料。在我国，科学与专业图书馆都不是公共性质的，而是隶属于各类科学研究机构的。

对图书馆类型的划分不能只采用单一的标准，必须把各种标准结合起来使用，才具有完整的意义。在上述各类型图书馆中，通常认为公共图书馆、高等院校图书馆、科学与专业图书馆是我国整个图书馆事业的三大支柱。

四、图书馆的地位和功能

（一）图书馆的地位

人类社会的发展离不开图书馆。书籍是人类进步的阶梯，图书馆则是存储知识的宝库。人类对历史的了解，对历史文化遗产的吸收、继承和借鉴，主要取决于图书馆对知识信息的保存和传递。现代社会，知识信息与能源、材料，成为发展社会科学技术的三大支柱。社会的发展将主要通过对知识信息的利用来实现。图书馆作为专门从事知识信息收集、整理、传递和开发利用的职能部门，其社会地位和作用越来越重要。同时，随着现代教育事业的发展，图书馆作为没有围墙的大学，将成为社会进行继续教育、终身教育、培养人才的重要基地。

随着社会和科学技术的发展与进步，图书馆的教育职能和情报职能越来越受到人们的重视，了解图书馆、充分利用图书馆已成为人们的必备技能。从事学术研究和教学工作的人，要想在科技或教学领域经常了解、接触新的知识、信息，除了需要经常参加学术会议、学术活动外，还必须经常浏览大量的期刊和图书方面的文献资料。这就要求必须了解、熟悉图书馆，学会利用图书馆。

（二）图书馆的功能

图书馆作为一种社会机构，依赖社会赋予它的条件，为人类文明和社会进步做出了重大贡献，故而被誉为“人类灵魂的宝库”。纵观各个时期，凡在某个学科领域做出特殊贡献的人，无不都是充分利用图书馆博览群书。图书馆在传承文化遗产、开发信息资源以及社会教育等方面都担负着重要职责，其功能概括如下。

1. 传承文化遗产

自从有了人类社会，便产生了文字，用来记录这些文字的载体——图书也就应运而生。它记载了从古至今人类历史的发展和演变。图书馆的功能之一，就是收集、加工、整理、科学管理这些珍贵的文献资源，以便广大的读者借阅使用。图书馆是作为保存各民族文化财富的机构而存在的，保存人类文化典籍任务是图书馆最古老的职能，以文献为物质基础而开展业务活动。尽管实现了计算机网络化及科学技术突飞猛进，图书馆不但保存了手写和印刷的文献，还保存了其他载体形式的资源，而且保存的目的是更好地使用这些资源。

2. 开发信息资源

图书馆收藏着大量的文献信息资源，并积极地给予开发，使这些文献资源得到广泛利用是图书馆的重要职能之一，也是图书馆承担各种职能的基础。由于当今社会文献的生产数量大、增长速度快，社会文献的类型复杂、形式多样，文献的时效性强，文献的传播速度加快，文献的内容交叉重复，文献所用语种在扩大，文献质量下降等特点，人们普遍感到利用起来十分不方便。图书馆通过对文献信息资源进行加工整理、科学分析、综合指引，形成有秩序、有规律、源源不断的信息流，进而使其被更加广泛地交流与传递，使读者更好地利用。图书馆的文献资源开发包括下面几项内容：第一，对到馆的文献进行验收、登记、分类、编目、加工，最后调配到各借阅室，以便科学排架，合理流通；第二，对馆外文献信息资源进行搜索、过滤，成为虚拟馆藏，形成更加宽广、快捷的信息通道；第三，通过最现代化的手段——计算机网络操作技术使馆藏文献走向数字化。

3. 社会教育

（1）思想教育的功能

图书馆是文献信息资源的集散地，是传播文献信息资源的枢纽。在馆藏建设上，不同的国家、不同的阶级都有一定的原则和倾向。

中国是无产阶级专政的社会主义国家，图书馆具有思想政治教育的职能，目的是要引导和帮助读者树立正确的世界观、人生观、价值观，打下科学理论的基础，确立为建设中国特色社会主义而奋斗的政治方向。从事图书馆管理工作的人员，时刻不要忘记图书馆的思想政治教育宣传阵地的职能和自己服务育人的神圣职责。

（2）两个文明建设的教育功能

图书馆是人类文明成果的集散地。在社会主义两个文明建设中，其肩负着重要的教育职能作用。图书馆的丰富馆藏，可以向读者提供文献信息服务，把精神化成物质；可以通过对馆藏的遴选、加工、集萃，向读者提供健康有益的精神食粮。图书馆可以通过画廊、墙报、学习园地等形式大力宣传两个精神文明建设。

（3）文化素质的教育功能

图书馆进行社会教育，主要表现在可以为社会、为读者提供完备的学习条件，如资源、场地、设备等。受教育者可以长期、自由地利用图书馆进行自学；图书馆还是学校教育的重要组成部分。在学校里，图书馆是基本的教育设施，它被誉为“知识的宝库、知识的喷泉”“大学的心脏”“学校的第二课堂”，直接承担着培养人才的重任。

图书馆向社会所有成员敞开大门，向人们提供文献资源并引导人们学习获取文献资源的过程和方法，使人们掌握进行终身学习所必需的技能。

（4）丰富群众文化生活的功能

丰富群众的文化生活也是教育职能的组成部分。健康的文化娱乐是人类社会生活中不可或缺的组成部分。图书馆是社会文化生活中心之一，在传播文化、活跃群众业余文化生活方面具有很重要的地位。人们可以从图书馆里借到自己喜爱的图书回家细细品味；也可以到阅览室里随便翻翻报纸、看看画报，欣赏下美术作品，享受读书之乐；还可以到计算机网络中心上网进入聊天室聊聊天，给亲朋好友发一份电子邮件等。

第一，文化保存功能。保存人类文化遗产，是图书馆最基本的职能。图书馆的起源也是来源于保存文化的需要。文化的产生和文献的出现，是人类社会进入文明阶段的重要标志。当人类意识到需要对已产生的文献进行不断收集，并将收集到的一定数量的文献有序地存放以便长久保存和利用时，最早的古代图书馆便诞生了。近现代图书馆拓展了古代图书馆的功能，转变了其过去重藏轻用、完全封闭的藏书功能，在逐步向读者开放利用图书馆的同时，依然以图书馆保存文化为基本功能。并且突破了纸质文献的保存，扩大到保存各种文化传播的载体，如缩微制品、光盘磁带、网络上的数字化信息。

第二，文化整理功能。图书馆藏书是物化了的历史文化积淀，浩瀚的文化遗产需要图书馆的加工整理，这样才能使之长期、系统地保存下来。

第三，文化选择功能。人类创造的文化是多方面的、多元的。图书馆对文化的利用，不是随意的、无原则的，而是根据生产力和人们生活实践需要而进行的理性的、科学的、符合一定价值观的选择。可以说，选择文化始终贯穿于图书馆工作的全过程。选择可以使历史与当代、当代与未来间建立起发展链，紧跟未来的发展步伐，把握历史、塑造图书馆的未来。

第四，文化创造功能。人类文化始终处在动态发展的过程中，总是呈现不断充实、完善、更新的状态。图书馆的文化创造功能主要表现为：一方面是图书馆本身对文化更新的作用；另一方面是图书馆工作通过对文化的积淀、传播和优化，促进文化的更新、创造，形成新的知识和新的发明，促进社会进步和发展。图书馆的文化创造功能主要通过以下方式实现：实现图书馆信息资源共享；创造出创造性利用资源的环境和条件；倡导现代文化观念，运用高新技术，使图书馆社会化、个性化。

第五，文化教育功能。图书馆是精神文明的主要阵地，充分发挥其教育职能，通过一系列积极健康、丰富多彩的宣传活动来弘扬社会主义、爱国主义和集体主义三大主旋律；充分发挥其资源的作用，把最好的精神产品奉献给读者，培养社会新风尚。图书馆的良好的形象，和谐的文化氛围，以及馆员提供的优质服务体现了图书馆奋发向上的精神风貌、和谐的人际关系、良好的职业道德素养、优美整洁的环境，这些都有助于感染、熏陶、教育读者。

第二节 现代图书馆的概念及职能

一、现代图书馆的概念

图书馆的概念及内涵随着时代的变迁而有新的诠释。过去一般人对图书馆的认识是，“一间房间，或是一栋建筑储集图书资料，加以组织管理，以供阅读、参考及研究之需者”。这一定义经过半世纪之久，虽是现实的描述，但在图书馆的内涵及经营理念上，已不能显现现代图书馆的精神和服务面貌了。

我们试就现代图书馆的特质和服务加以描述，可以说：“现代的图书馆是一采集与撷取记录在各种媒体上的资讯知识，经过组织、整合与传播提供自由利用和不限时地的资讯检索服务，以引导与便利人们学习研究、交流经验，进而激发创造人类新知文化，调适民众生活的机构。”

现代图书馆的馆藏应存藏和撷取并行，纸质和电子资讯媒体兼备，所获资讯经分析、评估、筛选、整合，通过馆员中介，以网际网路传递交流，随时提供超越图书馆围墙的资讯检索服务。它是一个资讯检索的网点，也是一个具有文化教育功能的学习环境。

现代资讯科技影响利用图书馆的馆藏与服务，革新了图书馆管理观念，但图书馆有其本身存在的社会价值，它原有的保存文化记录、维护求知权利、传播资讯知识、调适精神生活的使命是不会改变的。

二、现代图书馆的职能

职能是指人、事或机构应有的作用。图书馆的职能是指图书馆应有的作用，图书馆有哪些基本职能呢？长期以来，众说纷纭。1975 年，国际图书馆协会联合会在法国里昂召开学术讨论会就图书馆职能达成共识，现代图书馆的基本职能应有四个方面：整理、保存人类文化遗产；传递科学情报；开展社会教育；开发人类智力资源等。

现代图书馆以馆藏资源多元化、信息资源数字化、信息服务网络化和业务管理自动化为特征。它不仅是知识信息交流的重要场所，也是社会教育机构，为读者提供良好的学习的场所。

（一）社会职能

由于图书馆对社会文献的整理，人类文化遗产才得以有效保存。保存人类文化遗产是图书馆的基本职能。如果图书馆没有保存文化遗产的职能，也就没有文献流的整理，更没有文献信息的传递、教育和开发。图书馆在其自身的发展过程中，保存文化遗产的形式也在不断发生变化，从最初的甲骨、泥板到近代的印刷型图书，再到现代的磁盘、磁带、胶片、缩微平片等，只要是人类社会每前进一步，所留下的文化遗产，都可以作为图书馆保存的对象。但是，现代图书馆保存文化遗产的目的与古代图书馆保存文化遗产的目的有了质的飞跃，除继承以外，更多体现在对文献的利用上，保存文献的目的全在于使用。印度著名图书馆学家阮冈纳赞在20世纪30年代曾提出："书是为了用的，每个读者有其书，每本书有其读者，节约读者时间，图书馆是一个生长着的有机体。"被后人称为"图书馆五定律"，它充分反映了图书是"为用而藏，以用定藏"的文献收集原则和一切为了读者的服务宗旨。

由于读者需求与图书馆馆藏之间的矛盾在一定程度上是普遍存在的，并成为制约图书馆服务质量提高的瓶颈之一，因此，深入调查读者需求，特别是透彻了解读者在新形势下对电子资源的利用需求，是现代图书馆馆藏建设及提高服务水平的关键依据。随着社会的不断进步，读者对新思想、新技术、新知识、新观念、新方法的要求越来越高，尤其是科技类文献，具有很强的时效性，这些若不及时更新，即使架上的藏书再多，也难满足读者的需求。因此，图书馆应从读者的需求出发，调整今后图书的采购方向和藏书结构，及时补充和更新馆藏，以充分发挥图书馆保存人类文化遗产的职能。

（二）教育职能

1. 强调自主教育

从现代教育观点看，学习者是学习的主体，变知识灌输为个性发展，变应试教育为全面素质教育是教育成功的关键。课堂教育是按部就班、循序渐进的，而读者在图书馆学习是随心所欲的。图书馆教育职能的发挥，不是通过耳提面命的说教，也非迫人接受的强制。图书馆是严格的因材施教，而这种因材施教常常表现为读者的自动到位。不同等级不同学科的逾越，不仅允许还鼓励。图书馆培养出来的人具有极强的学习自主性、能动性和创造性，还善于根据各自的个性、基础、兴趣特长和社会需要来确定主攻方向，选择自己的学习内容。他们善于在图书馆的知识海洋中遨游，必然能学成某一方面的专长，通过广泛涉猎而博学多才。一些强调通才教育的国家，其大学教育和科学研究常常通过图书馆而进行。会终身利用图书馆丰富资源进行学习的人到社会上有较强的适应性，能在市场经济的角色转换和职业转换中应付自如。

2. 提供学习资料

终身学习贵在学习者具有自我学习的动机和动力，这种动机的启发和动力的维续，固然可以从正式的学校教育过程中获得，但图书馆同样可以通过各种学习资料和学习信息的提供，启发读者学习的自发性和自主性。如经过有效的采访和编目，提供必要的图书资料；通过精选的书目索引和摘要，提供相关的参考资料；安排专业的咨询服务，指引读者有效地使用馆内各种信息资料；等等。

3. 实施远距离教学

在图书馆自动化的过程中，有计划地通过计算机网络提供馆藏资料，让读者自我选择、自我规划和自我学习，已不再是一种梦想。图书馆与计算机中心合作发展远距离教学，大量提供开发学习的机会是未来图书馆发展的一种必然趋势。

第三节　图书馆资源的界定及利用

随着大数据、5G 通信等信息技术的飞速发展，图书馆资源建设呈现出新的特征，尤其是一些大型综合性和专业性图书馆正在进行新的跃迁，图书情报资料的共建共享工作面临新的挑战。新形势下，如何推进图书馆资源建设进程，提高信息资源联合服务能力，有效开展图书馆图书情报资料共建共享非常重要。

一、对图书馆资源的界定

为了使本书的论述更加清晰明确，首先对图书馆资源做一个界定，图书馆资源有广义和狭义之分。广义的图书馆资源是指图书馆为了资源利用而组织起来的相互联系的多种资源的动态有机整体。它包括信息资源、人力资源、馆舍、设备、技术、资金等。其中信息资源包括图书馆可供利用的所有信息，分为印刷型文献信息资源、电子型文献信息资源、网络信息资源。人力资源包括图书馆馆员和读者。狭义的图书馆资源仅指馆藏的信息资源。

从公众的角度来看，图书馆资源主要是图书馆的信息资源，人们来到图书馆的主要目的是借阅和利用馆藏信息资源。但是图书馆资源的其他方面是支持这一过程的必不可少的部分，国内外在研究图书馆资源与阅读时也是从图书馆资源的不同方面展开的，所以本书论述的是广义上的图书馆资源。

当图书馆学界提出文献资源、信息资源概念的时候，就有人开始使用图书馆资源一词，20 世纪 90 年代后，图书馆界开始讨论图书馆资源的概念，形成了多种观点。比较有代表性的观点有两种：一种观点认为图书馆资源是指为了资源利用而组织起来的信息集合，它实质是一种动态信息资源体系；另一种观点认为图书馆资源是各类资源组成的有机整体。关于其要素构成，曾有杜定友的“三要素”、刘国钧的“四要素”“五要素”、黄宗忠的“七要素”，国外则有印度学者阮冈纳赞提出的“图书馆五定律”。随着时代的发展和进步，图书馆资源的内涵和外延要比以往更丰富。

二、图书馆资源利用的相关研究

在促进社会阅读这个社会性系统工程中，如何发挥图书馆的更大效用，成为国外学者研究的重点。由于读者阅读在某种意义上就是读者利用图书馆资源，所以相关研究一般都是以图书馆资源利用为出发点，从图书馆自身和读者两个角度加以考察。

（一）图书馆资源存在状况与分布规律研究

要使图书馆在促进阅读中发挥更大的作用，首先要清楚图书馆资源的状况，在此基础上开展进一步的行动。很多国家和组织都认识到了图书馆资源调查的重要性。

我国曾于 1987—1990 年开展了“全国文献资源调查与布局研究”，调查对象是为科研和管理决策服务的图书情报单位，包括科研院所、高校和省级以上公共图书馆。调查在部际图书情报工作协调委员会领导下进行，得到了中国社会科学情报学会、中国图书馆学会和全国高等学校图书情报工作委员会的大力支持。调动了全国万余名图书情报工作者参加，共调查了 500 多个具有代表性的图书情报单位的 2000 多个研究级学科文献，对我国文献资源布局研究和实践产生了深远的影响。以前的数据和研究陈旧老化，不能真实反映出目前我国的图书馆资源整体状况，图书馆资源的数量、质量、分布等是否与国人的需求相适应也便无从考证，这样很不利于阅读促进的开展。

（二）图书馆资源利用情况研究

图书馆资源的利用情况和人们的阅读现状两者之间存在着必然联系，图书馆资源的利用率能在一定程度上反映出读者阅读状况。因此促进阅读就必须提高图书馆资源的利用率。而目前我国在全国范围的图书馆资源利用情况调查研究几乎空白，政府、图书馆界以及国人对我国图书馆资源的利用情况不甚明了。

（三）图书馆馆员的培训

图书馆馆员是图书馆资源重要的组成部分，是图书馆中具有能动性和创造性的活跃因子。图书馆馆员的素质直接影响图书馆资源的整体水平和利用情况。因此国内外都很重视对图书馆馆员的培训。国外在研究图书馆馆员如何在提高图书馆资源利用率以促进阅读中发挥更大的作用时主要从两个方面加以探讨。一方面转变图书馆馆员的观念，将以往以书为中心转变为以读者为中心开展阅读促进，使馆员意识到读者的中心地位。对图书馆馆员进行必要的阅读促进技能培训，培训对象涉及所有层次的图书馆工作人员。另一方面通过阅读培训的相关网站交流学习经验，如英国的 Branching Out 就是一个专门服务于从事“读者发展”工作的专业人员的网站，提供相关的知识、技能及培训资源供专业人员自我学习。

（四）利用网络促进图书馆的利用

在信息环境下，图书馆信息资源中电子资源所占比例持续增长，图书馆的计算机化和网络化也成为必然趋势。

20 世纪 90 年代，互联网在欧美公共图书馆迅速普及，到 2000 年美国有 98% 的公共图书馆与互联网相连，而英国基本所有的公共图书馆都与互联网相连。

随着互联网的普及，用户通过计算机和互联网使用图书馆资源的比重不断加大，网络阅读也成了人们利用图书馆的主要形式之一。在这种情况下，图书馆为读者提供上网的设备（计算机）已是图书馆服务的一部分。欧美等发达国家和地区的图书馆基本上实现了这种服务功能。我国由于经济发展水平等原因，部分经济欠发达地区的图书馆还不能为读者提供上网服务。另外，图书馆通过图书馆网站为远程用户提供服务也成为图书馆服务的新发展。很多图书馆都建立了自己的网站，通过完善网站吸引更多的读者，促进阅读成为图书馆的研究内容。英国的一个研究者指出，图书馆网站阅读促进服务与商业网站相同，主要有书单和评论提交。图书馆在创意和创新方面并不缺乏，但是由于时间、资金等方面的因素，图书馆在资源覆盖和资源规模上没有优势。

第四节　信息时代图书馆资源建设构想

在当今社会，随着现代信息技术的迅速普及和广泛应用，图书馆的服务方式和内容得到了极大的丰富，从而使我们获取信息的手段和方式更直接、更方便、更有效。网络信息的海量和易传播性、共享性促使图书馆文献资源建设必须向网络空间拓展，这样就对图书馆信息服务工作及信息资源建设提出了挑战，促使图书馆的馆藏文献信息必须由单一的现实馆藏变为现实馆藏和虚拟馆藏并进。作为信息传播中心的图书馆，其是科学研究服务的学术性机构，是信息化和社会信息化的重要基地，必须尽快由传统模式向网络化、数字化过渡与转型。

一、经济全球化对图书馆带来的冲击

信息技术飞速发展，加快了全球经济一体化的进程，也使图书馆这个信息传播中心面临着严峻的挑战。一方面，由于信息网络的发展，加快了信息的传递速度，极大地促进了国际经济活动的发展；另一方面，国际经济活动的高速发展和全球经济一体化趋势的形成，又进一步扩大了国际信息交流，促进了信息网络的建设与发展。信息的进步传播和交流，使图书馆受到了最直接的冲击和挑战，同时，信息技术的发展也为不同国家图书馆之间的合作创造了更加有利的条件，使全球信息资源共享成为现实。随着经济全球化的推进，图书馆将面临传播中不同国家、地区、行业、人群等信息与知识的差距，以及信息技术的应用程度和创新能力的差别等问题；另外，在因特网浪潮的冲击下，各种信息传播和服务机构纷纷涌现，使图书馆的职能和作用受到冲击，面临激烈竞争的考验。图书馆将如何与这些机构进行分工、融合、竞争与合作，如何为自己正确定位，是图书馆急需解决的问题。

二、图书馆信息网络化是信息时代发展的必然

网络作为一种信息传播和信息共享的快捷传播方式，已无处不在。网络信息容量大、传播速度快，为教师提供了丰富的信息资源，极大地激发了教职工的科研积极性，使他们能快捷、方便、有效地获取信息，这就对图书馆传统的资源方式提出了挑战。

网络资源使图书馆的资源基础冲破了传统馆藏资源的局限。它的发展使图书馆能够提供的信息资料更加丰富多样。网络资源在整个图书馆文献信息资源中的比例将会越来越高，开发网络信息资源必将成为未来图书馆资源建设的趋

势。在网络环境下，图书馆资源建设应包括文献资源、数据库资源及网络信息资源的开发与组织，重点是网络信息资源建设。因此，图书馆应该把网络信息资源建设作为馆藏建设工作的重点，这不仅有利于提高网络信息资源的开发和利用水平，也能为传统图书馆馆藏注入新的活力，增强馆藏资源的利用价值。以网络为背景，以馆藏信息资源和网上虚拟资源为主要对象，以知识和信息的开发为手段，最大限度地满足用户的信息需求。

三、经济全球化加快了图书馆资源建设步伐

在信息时代，图书馆必须适应时代的发展和需求，创新服务方式，提高服务手段，加快网络信息资源建设步伐，更好地为读者提供高质量的信息服务。

（一）树立现代意识，转变传统思想观念

随着经济全球化的迅速发展，互联网的迅速普及，具有内容广泛性、访问快捷性、搜索网络性、资源动态性等特点的虚拟网络信息资源的出现，图书馆的资源由传统的馆藏扩展到整个网络的信息空间。这极大地丰富了图书馆信息资源的种类，使图书馆的信息资源结构发生了重大变化，从而使图书馆的馆藏结构由单一的实体文献馆藏转变为实体文献和虚拟文献并存的馆藏，同时也改变了图书馆传统的建设模式。因此，图书馆在信息资源建设中，要解放思想，更新观念，抛弃“小而全”分散封闭、自我发展的传统藏书模式，用集中、开放、联合、整体发展的新理念指导馆藏信息资源建设。面对信息时代的挑战，图书馆应树立现代信息意识，尽快改变“重藏轻用”的馆藏建设模式，从传统的文献收集、整理、组织、传播，向信息资源建设转变。以保障社会的多方位信息需求为出发点，以信息管理机构群体为主要力量，从整体上研究信息的采集加工、组织存储、链接传送和开发利用，以保证现代信息资源建设的顺利进行。

（二）充实和完善数据库资源，加快图书馆的数字化建设

现代图书馆的信息资源，从某种意义上说就是数据库资源，文献资源的质量和规模，实际上就是数据库的质量和规模。将图书馆馆藏的印刷型文献资源及其他各类载体文献信息数字化，组织成数据库投入网络，目的是提高馆藏文献的易用性和共享性。因此，图书馆资源建设，首先必须建立和完善数据库。数据库是图书馆实现计算机化、网络化的关键，是资源建设的物质基础，所以要不断开发和转化传统馆藏文献资源为网络资源，使其数字化、规范化，为资源共享提供条件。同时，还应进一步开发各种专题数据库，发挥各馆特色资源优势，提高信息资源利用率。在文献资源数字化建设过程中，要坚持标准化、

网络化的原则，同时引导数据库建设逐步向商品化、产业化、国际化方向发展。另外，在建设中应注意避免数据库总体上发展速度慢、数据库建设配置不合理、标准化程度不高、检索语言混乱等问题的出现，使网上交流和信息资源共享渠道畅通。

（三）进一步完善信息资源体系，以适应信息社会的发展

在信息社会不断发展的今天，图书馆在设计各自的馆藏资源体系时，应根据自身机构性质、服务对象、原有收藏基础、硬件设施、软件配置、发展目标等因素，来选择确定信息资源建设的原则、收藏范围、收藏重点和采集标准。对高校图书馆来说，其服务对象是全校不同专业的师生，目的是为学校的教学、科研和学科建设提供全方位的信息服务。因此，在设计时要考虑图书馆实现自动化程度、馆员素质、经费投入等因素。同时还要考虑资源体系的可行性及学科配置，具体的还应考虑到学科内容、收藏水平级次、信息类型、语种、出版时间、载体形式等因素，最终建立一个科学合理的、最佳的信息资源体系。另外，还要注意信息资源体系要随着信息环境和信息用户的发展变化而不断进行调整与完善，以保证信息服务的顺利开展。

（四）重视网上信息资源的开发，提高虚拟馆藏信息量

信息时代图书馆的资源建设，不仅要开发现实馆藏，更重要的是开发网上虚拟信息资源，即把虚拟馆藏转化为现实馆藏。图书馆应重视把网上信息作为重要资源，对其进行选择、组织、加工，对检索到的各类信息按照一定的主题进行过滤、分解、梳理以及综合归类，使之成为有序的、可用的虚拟馆藏资源，从而扩大虚拟馆藏信息量，以方便读者利用。同时，在建设虚拟馆藏时，应充分利用导航库技术，指引用户到特定的地址获取所需信息，这样就可以把网上一些主题相关的内容集中，以方便用户检索为原则，用熟悉的语言组织起来，向用户提供信息资源的分布情况，指导用户查找、利用信息，从而使用户快速准确地获得更多的信息。

（五）扩大电子出版物的收藏比例，提高文献利用率

目前，虽然传统的印刷型文献仍然是满足读者群最便利、最直接的信息资源，是资源共享的基础，是图书馆提供上网服务的保障体系。但是，为了适应网络化、数字化建设与发展的需要，图书馆应扩大对电子出版物的收藏比例。电子出版物体积小容量大、种类多，便于检索、流通，有利于实现资源共享。同时，对电子版文献的收藏，要考虑图书馆网络化、数字化的程度和需要，注

意与印刷型文献的合理配置，更应注意加强宏观调控，避免盲目重复购置，减少不必要的浪费。信息时代，加大电子版文献的收藏，构建有一定规模的电子文献数据库，优化馆藏结构，可以提高馆藏文献的利用率，从而更好地为读者提供全方位的信息服务。

（六）重视现代化管理人才的培养，不断提高服务质量

当今社会，图书馆的信息资源建设，不仅要重视硬件设施的配置，更要加强现代化管理人才的培养。若管理人员的文化水平、知识结构、管理能力等综合素质达不到网络环境的要求，就容易造成网络运转不畅、设备闲置、资源浪费等现象。因此，图书馆必须加强现代化人才队伍建设，加大管理人才的培养力度，不仅要对他们进行职业道德教育，更重要的是对直接从事网络服务和管理的相关人员，进行专业知识和技能培训，使他们能熟练地操作和使用计算机，能熟练地在网上浏览、下载各种文献信息，并能对下载的信息资源进行分类、组织、加工、整理，以及对信息进行深层次的研究和开发，并且还能对读者提出的各种问题予以及时解答和解决。只有这样，才能从容应对瞬息万变的信息社会，才能及时为用户进行信息导航，更好地为用户提供全面、准确、高质量的信息服务，从而提升图书馆的声誉。

（七）积极开展以用户需求为中心的图书馆信息服务

信息时代，图书馆的资源建设将会改变原来的实体资源服务体系，而重点开展以虚拟信息资源体系为主的信息服务形式，这样用户便可通过网络访问任一图书馆以获取信息，也可使图书馆的服务对象扩大为社会化的信息用户，从而也使图书馆信息服务模式从面向资源的信息服务转变为面向用户的信息服务。因此，图书馆的信息服务必须以用户需求为中心而展开。在网络环境下，图书馆一方面要通过收藏保存信息资源来满足用户的信息需求，另一方面要充分利用各类图书馆或信息提供者的信息资源来满足用户的信息需求，从而丰富和完善本馆的资源体系，以更好地满足各方用户的信息需求。此外，图书馆要充分开发馆藏资源，实现文献资源网上服务，对图书馆的特色文献资源进行深层次的加工和开发，以用户需求为中心，开展个性化的主动服务，以满足不同用户的信息需求。

图书馆资源建设是一项规模宏大的系统工程，需要有关部门统筹规划，采取分工合作的方式，集中人力、财力，建设国家级大型数据库。对图书馆来说，应加强特色文献的数字化建设，避免人力、财力和物力的浪费。在馆藏文献资源数字化建设过程中，要坚持标准化、网络化的原则，同时引导数据库建设向商品化、产业化、国际化方向发展，使图书馆成为一个连接世界各地的信息资源的高智能、集成化的网络传递中心，成为管理控制智能化、人员素质信息化的国际化信息中心，以适应信息社会的发展需求。

第五节　未来图书馆资源共享发展的趋势

资源共享建设的本质，就是根据用户不断变化的需求，利用新兴的技术和手段，为用户提供更全面、更便利的服务。网络环境下图书馆的用户需求具有了与以往不同的、崭新的特点，这就要求图书馆的用户服务模式随之发生变化，即根据社会环境和用户需求不断调整、更新自身的服务模式，更好地适应和服务社会及公众，这将是网络环境下图书馆生存与发展的迫切需要。

一、网络环境下资源共享服务方式多样化

图书馆工作要以人为本，其用户服务工作也应以用户为中心。传统图书馆的用户服务如此，网络环境下图书馆的用户服务则更应该这样。以用户为中心，满足用户的需求是网络环境下图书馆资源建设的出发点和归宿。互联网环境下网络资源的迅速膨胀，以及用户需求的快速发展，使得任何一个信息服务机构，包括图书馆都不可能凭借自己的能力高效地满足用户的需求，因此图书馆资源共享建设的目的也就是为了满足用户的不断需求。

网络环境下，用户对信息资源的需求有以下特征。

（一）多样化和多层次性

社会信息化的发展和网络的普及，使得人们的信息意识日益增强。各技术领域的专门化和交叉学科、边缘学科的出现也促使用户产生各种各样的信息需求，并且由于用户的职业不同、受教育程度不同，以及用户个体的知识特征和知识储备不同，也使其产生了类型多样的信息需求，也决定了他们不同的信息需求层次。另外，经济环境的改变也影响到用户对信息的选择，为了个人发展及生活需要，用户具有不同的信息需求。

（二）个性化和专指化

随着社会的发展，社会民众的个人意识逐渐增强，使之更加关注自我发展的完善、个性的彰显，对信息的需求也相应地出现个性化、专指化趋势。用户在网络上寻求信息资源的目标更明确，针对性更强。

（三）综合化和系统化

随着社会的发展，社会对个人知识结构的要求随之改变。为适应社会的需要，实现自我价值，社会成员必须获得全面发展，掌握尽可能广泛多样的信息。因此，用户需求开始由单一学科向多学科综合发展，用户既需要个性化、专指化的信息，又希望获取的信息全面、系统。信息技术的发展使得信息的形式、形态和载体多样，也带来信息的获取方式和途径的多种选择，用户必然要求最终获取的信息能够尽可能全面、系统。

（四）时效性和准确性

网络信息的爆炸性增长，使得信息的无序现象更加严重，大量“无效信息”，“垃圾信息”同有效信息混杂在一起。技术的发展增强了人们获取信息的能力，但识别和检索信息的能力并没有相应提高。面对信息的冗余，用户希望在最短的时间内，花费最少的成本，获得价值较高、符合需要的信息，人们的实效意识逐渐加强。获取的信息的准确度、获取信息方式的方便程度、获取信息的成本等成为用户考虑的因素。

（五）新颖性和快速性

科技在飞速发展，知识在不断更新，文献增长和老化速度加快，使得人们更加注重所需求信息的新颖性和快速性。

二、网络环境下资源共享政策及法律法规不断完善

网络环境下，网络安全以及知识产权的保护问题凸显了其复杂性。用户在进行资源共享的时候，总是希望自身的权益能得到切实的保障。图书馆在提供资源共享的时候，必须满足用户的这种需求，因此国家必须制定比较完善的法律法规，使得用户在资源共享的过程中有法可依，有章可循。图书馆立法是一个国家图书馆事业发展水平的一个标志，图书馆事业比较发达的国家，图书馆法律都比较完善。我国图书馆在资源共享建设的同时，也正逐渐完善相关的法律法规。

用户对信息资源的需求是资源共享建设的动力，我国社会、经济的发展，产生了大量的文献以及信息资源，用户对信息资源的需求保障，为国家制定政策以及法律法规提供了依据。信息资源是社会发展的重要基础，它的共享需要有一定的规则制度。资源共享制度是法律法规、管理制度和条例办法的体现，制定完善的共享制度体系，是信息资源共享保障机制中的关键；同时资源共享

制度的建立需要寻找适应信息化、网络化的共享技术作为支撑，在满足不同的信息需求的同时，实现信息资源的有效共享，最终为满足用户的需求服务。

目前，资源共享方面的法律法规大致包括以下层次：科技进步法、信息资源共享法、政府信息公开法；行政管理法规、国家与地方颁布的信息资源共享条例；共享管理的具体方法、共享管理建设规范、服务监督与评价办法、科学数据汇交方法等。随着国家对资源共享建设的重视，国家层面上的资源共建的规章制度也必将更加完善。另外，对资源共享的组织管理机制、资金投入机制，以及解决涉及知识产权保护、标准兼容等方面问题的制度建设也会更加健全。并且为建立信息资源共享管理等配套措施、提高服务质量水平，制定科学、合理、有效的制度体系，从而营造有利于健康、稳定发展的良好的制度环境。这样，就可以限制“人制”的随意性，确保资源共享的稳定发展。

第二章　图书馆文献资源建设与共建共享

文献是用文字、图形、符号、声频、视频等技术手段记录人类知识的一种载体，或理解为固化在一定物质载体上的知识。现在通常理解为图书、期刊等各种出版物的总和。它是记录、积累、传播和继承知识的最有效的手段，是人类社会活动中获取情报的最基本、最主要的来源，也是交流传播情报的最基本手段。

数字时代的图书馆发生了前所未有的变化，计算机网络等先进技术为图书馆发展带来了机会，也带来了严峻挑战。在数字时代背景下，数字资源的发展壮大对图书馆的文献资源建设产生了深远的影响。图书馆只有抓住契机，在文献资源建设过程中顺势而行，通过不断丰富的文献资源来最大限度地满足读者对文献资源的需求，使之更好地为读者服务，才能使图书馆具有持续的竞争力而立于不败之地。

第一节　图书馆文献资源建设

文献资源作为图书馆建设与发展的重要基准之一，其代表了一种文化形态。为此，在对图书馆文献资源进行建设时，应从多角度研究，通过合理的资源布局、建设实施等，建构完整的资源体系，以满足图书馆的发展需求。

文献资源建设是指一定范围内的图书馆及其他文献情报机构对文献资源进行有计划的积累和合理布局，以满足、保障社会发展和国家建设需要的全部活动。文献资源建设包括微观和宏观两个方面的含义。文献资源建设是图书馆存在的价值体现，也是图书馆学永恒的研究主题之一。

一、图书馆文献资源建设方案

（一）微观资源建设体系

图书馆作为领域资源、技术资源的集成场所，其可为人们提供获取知识的多元化途径。与此同时，图书馆具有一定的历史性，在理论经验、实践经验、经营经验的不断融合下，其已形成一种独立的体系。为此，在对图书馆进行文献资源建设时，一般以文献结构、文献价值等建设为主，随着先进技术与理念的不断融合，为微观资源提供更多的建设路径，以促进理论、实践的纵向研究。微观文献资源在理论、方法、数据等多方面支持下，可完成原则建设、内容建设、组织建设、评价建设等馆藏体系建设，进而形成微观形态下的资源集成处理。

（二）宏观资源建设体系

宏观资源建设体系一般以资源布局、资源共享、资源经验借鉴、资源建设实施等为主。

首先，在资源布局方面，是以物质资源为基础的，在图书馆覆盖区域内，对图书资源、文献资源等进行整理规划，通过将资源进行整合，以实现地区乃至全国内资源的规划型供给，进而满足人们的阅读需求。在建设过程中，主要从布局原则、布局作用、资源分布情况、布局理念等方面进行调查研究，以此来实现资源布局的全面性。

其次，在资源共享方面，图书馆的主要作用是为人们提供阅读资源，满足人们的阅读需求。文献资源共享与传统意义上的借阅机制不同，其需要统筹规划，为此，在对资源共享方面进行建设时，应对资源内容、共享途径、宣传模式、互用体系、服务体系等进行多方面调研，进而提升图书馆宏观文献资源的建设效率。

再次，在资源经验借鉴方面，应充分吸取各方面文献资源建设的经验，以政府为主导，建立统筹型制度，以对图书馆文献资源的建设进行宏观引导。与此同时，在资源建设时，应对传统图书馆建设过程中的问题进行分析，并制定出相应的解决策略，以满足现代化资源型图书馆建设的需求，并建立相应的法律机制，对图书馆的管理行为、发展行为进行规划，在认识自身不足与预期发展的规划下，有效弥补宏观资源建设体系的漏洞。

最后，在资源建设实施方面，其涉及诸多领域，需通过合理、严谨的步骤来执行，应以领导机构、法律机制、蓝图规划等为主进行宏观控制，并组建基于图书馆的网络体系，在技术设备、通信技术的融合应用下，实现传统化图书馆向现代化图书馆方向的转型。同时应保证图书馆工作人员的专业素养，通过业务意识与服务意识等的强化，为用户提供多形式化的选择。在具体建设实施时，应以实际目标为基准，明确图书馆的建设方向，并按照发展前景制定出阶段目标，以此来对图书馆的发展形成阶段型引导。同时应扩大文献资源的调研范畴，严格按照预期规划目标执行，避免出现舍本逐末的现象发生，进而实现资源的一体化建设，以扩大图书馆的影响力。

二、新时期图书馆文献资源建设的特征

大数据时代，科学研究范式的转变对图书馆资源建设提出了新的要求，图书馆文献资源建设呈现如下新的特征。

（一）资源多样化、海量化

资源类型越来越多样化，除了传统的图书、报纸、期刊、报告、专利等外，富媒体占比越来越高，科学数据及用户行为数据等也正在渐渐纳入图书馆文献资源体系中。同时，资源数量越来越多，更新越来越快。

（二）资源内容服务智慧化

深度学习、知识图谱等技术在图书馆的应用进一步推动了图书馆服务从简单的文献信息服务向知识智慧化服务转变。知识互联、文献深度标引已成为图书馆对资源进行深度挖掘揭示的核心技术，基于海量信息的趋势研判和决策支持以及针对个体或专题的个性化推荐、智能推送、专题平台、精准发现等已成为研究型图书馆服务的重要内容之一。

（三）数字资源保存战略化

数字资源本身有着严重的脆弱性，如读写环境依赖性、易被篡改性、易受自然灾害和政治因素影响等，这些弊端给资源的长期有效利用带来了较大的隐患。越来越多的国家开始把数字资源的长期保存纳入国家信息资源战略，世界上众多图书馆成为本国数字资源长期保存体系建设的主要组成部分。

（四）资源传播泛在化

数字资源和网络技术使图书馆服务实现泛在化，传统服务空间正由原来的藏书空间转变为安静温馨的阅读空间和设施智能的群组研讨空间。数字图书馆和移动 APP 使得图书馆资源在拥有网络的虚拟空间随时可取。

（五）资源服务技术智能化

5G、人工智能、物联网、虚拟现实等技术的发展应用使得图书馆设施和技术越来越智能化，射频识别、人脸识别、立体书库、自动借还、座位预约、咨询机器人、VR 场景模拟等逐渐走进图书馆，提高了图书馆服务的能力和效率。

（六）资源获取去中心化

尽管图书馆仍是大多数科研人员获取资源的重要途径，但随着开放获取范围的逐渐扩大、众多机构知识库的建立以及信息服务机构提供的网络服务，人们获取资源的途径渐呈去中心化趋势，资源获取中心随着用户的目标和兴趣而动态变化。

三、图书馆文献资源建设的基本原则

文献资源建设应遵循的基本原则主要有以下几个方面：实用性原则、思想性原则、经济性原则、系统性原则、发展性原则、特色化与分工协调原则、多载体信息资源一体化原则。

（一）实用性原则

入藏文献有针对性，需符合本馆的性质和任务，符合读者需要。根据不同的读者需要，准确分析判断文献价值，明确所购文献的用途，结合馆藏结构情况选购有入藏价值的文献。

（二）思想性原则

要求图书馆馆员具有较高的政治素养，收藏弘扬民族文化精神、传播优秀文化、有益社会文明进步的图书。

（三）经济性原则

合理利用有限的购书经费，以达到投入最少、产出最大，即馆藏文献资源体系功能最大、利用率最大的目的。

（四）系统性原则

按照藏书内容系统完整、结构科学合理、重点和特色藏书系统完整的要求选购出版物。

（五）发展性原则

注重新的出版物的补充，不断完善藏书体系和实现体系正常的新陈代谢，要有发展眼光，洞察读者需求变化趋势，有预见性地选购适用的新学科、新专题出版物。

（六）特色化与分工协调原则

准确制定本馆特色藏书的学科或专业文献应达到的“藏书级别”，系统完整地收集重点、特色学科或专业的文献信息，使馆藏文献信息资源体系具有鲜明的特色。同时通过馆际联合采购或地区联合采购等合作方式，对某些学科、某些文种、某些区域的文献进行分工采购，建立一个在某种范围内布局合理、相互依存、资源共享的文献资源保障体系。

（七）多载体信息资源一体化原则

在网络化、数字化背景下，形成纸质文献、电子文献、网上虚拟资源多载体文献并存的馆藏结构，构建一体化文献信息资源保障体系。

在遵循总的文献资源建设原则的基础上，具体实施采购行动时还会遇到许多具体问题，随着社会信息化程度的提高，除了传统意义上的文献资源建设工作，文献资源建设也面临许多新的形势，在新的形势下文献资源建设原则的内涵也被赋予了新的意义。

四、数字时代图书馆文献资源的建设

数字技术的更新、发展与应用，为图书馆文献资源建设带来了挑战，同时也提供了契机。为了保证图书馆在数字环境下的可持续发展，必须针对目前图书馆文献资源建设存在的普遍性问题，提出综合性、针对性策略，进而构建符合数字化时代读者需求的馆藏体系。

（一）数字时代图书馆文献资源的变化

随着网络技术和信息技术的发展，海量信息呈爆发式增长。数字时代的到来，使得人们获取信息的方式发生了变化，处理信息的手段也随之发生了变化。而具有信息存储与传播功能的图书馆，更是出现了翻天覆地的变化，其在文献资源方面有以下几点变化。

一是文献资源数量有了突飞猛进的增长，因为在数字时代网络资源数量庞大、信息多且繁杂；二是载体类型多种多样，这里主要指载体形式的多样性，除了传统的纸质文献资源外，还出现了光盘、视频音频资料、数据库、个人数字图书馆等；三是内容逐步丰富，以数字资源为例，除了期刊、文献、博硕士论文，还有科技报告、专利、会议等，信息呈现多元化、个性化趋势；四是质量参差不齐，数量的增多难免会出现鱼龙混杂的局面，导致整体文献资源质量良莠不齐。

（二）数字时代图书馆文献资源建设存在的问题

数字时代图书馆在进行文献资源建设的过程中，发现了诸如馆藏结构不合理、文献资源质量差、文献资源利用率低以及文献资源重复浪费等问题。

1. 馆藏结构不合理

数字时代，数字资源突飞猛进地增长，虽然不能完全取代纸质文献资源，但不可否认的是其更受读者欢迎。在这种背景下，一些图书馆由于不能适应时代发展的需要而对文献资源进行配置，导致图书馆馆藏结构出现了不合理的现象。一是文献类型结构不合理。数字时代部分图书馆在文献资源建设方面仍旧传统落后，只保留单一的载体形式，纸质文献资源所占比重过大。忽略了对数字资源、网络资源及其他多种载体形式的文献资源的采购和收藏利用。二是学科结构和内容失衡。文学类、社科类、娱乐类资源占了馆藏的大半，专业类、学科类资源较少，特色类馆藏寥寥无几，可利用性低。三是文献资源新旧比例不合理，品种少、复本量大。文献资源陈旧，剔旧不及时，不能及时引进更新的文献资源。这势必会破坏馆藏结构的系统性、多样性和完整性。

2. 文献资源质量差

近些年各高校图书馆的纸质文献资源和数字资源都相继出现了质量问题，其中纸质文献资源质量问题主要源于近年来的各种评估，如高校评估。高校图书馆作为高校的文献信息资源中心，在评估中也占有一席之地。由于高校图书馆的生均藏书量和生均年进书量是评估的硬性指标要求，各高校图书馆为了追求图书数量与逐年扩大的招生人数相匹配，不得不突击式大宗采购图书，导致大量低价劣质图书涌进了图书馆，造成图书馆整体纸质文献资源质量下降。二是不少图书馆缺少精品数字资源，因为优质的数字资源经过先进的技术转换获得，耗费了大量的人力、物力、财力，但是图书馆在经费逐年减少的情况下采购这样的精品数字资源性价比并不高，优质数字资源在售卖中却很难体现优质优价，因此出版社也不愿让出版权给图书馆。

3. 文献资源利用率低

部分高校图书馆为了盲目达到量的指标，而急于提高馆藏量，采购了质量不高的纸质文献资源，加之为充实馆藏而放弃剔除过时、过旧图书，导致这些图书长期在图书馆内充当馆藏量，从而使得图书馆利用价值低的图书逐年增加，造成纸质文献资源整体利用率低。数字资源相对于纸质资源来说虽然更容易被读者接受和利用，但因信息量巨大需要读者耗费一定的时间和精力挖掘与研究数据库的具体使用方法，导致大部分读者习惯于使用自己擅长的那一部分数字资源，而其他没有被探索利用过的资源则一直处于闲置状态，利用率低。

4. 文献资源重复浪费

目前各图书馆都在大力开展数字图书馆的建设，为了满足读者需求、充实数字文献资源，就要采购一些知名的大型数据库，但除了少部分图书馆实现了对个别数据库的联合采购外，大部分图书馆仍旧是一味地求大求全，自立门户，花费大量的经费单独购买自己需要的数字资源。但任何单个图书馆都不可能拥有所有的文献资源，也不可能凭一馆之力满足用户的所有信息需求。因此目前这种单独购买的模式造成了资源的重复建设和严重浪费。资源重复浪费的表现有以下几种形式：一是不同图书馆购买完全相同的数据库资源造成的浪费；二是同一图书馆购买多个内容交叉重复的数据库资源造成的浪费；三是同一图书馆购买的多个数据库当中存在个别数据库利用率低被闲置的现象而造成的浪费。

（三）数字时代图书馆文献资源建设对策

数字时代图书馆在进行文献资源建设时，可通过优化馆藏结构、提高文献资源质量、坚持为用而藏、建立资源共建共享机制等来解决以上出现的几点问题。

1. 优化馆藏结构

一是加大数字资源的采购力度。数字时代，传统的纸质文献资源仍是图书馆馆藏信息资源建设中不可或缺的一部分，它既是满足读者最直接便利的信息资源，又是资源共建共享的基础，是图书馆提供数字文献资源的保障。但部分读者不具备随时到馆的便利条件，因此图书馆应适应数字时代的到来，在纸质文献资源建设得到保障的基础上，加大数字文献资源的收藏，这样才能满足读者多方面的需求，随时随地为读者提供便捷的服务。图书馆应加大数字资源的采购力度，通过逐年增加数字资源容量，开发多种载体形式的文献资源，日积月累地调整图书馆馆藏结构。数字文献资源通常包括纸质文献资源的数字版、普通数字资源（如光盘等）、网络数字资源和数据库等。二是保证合理的学科结构，根据读者需求，统筹规划专业性资源和娱乐类资源的采购计划，随时调整学科和专业文献资源的比例，突出特色馆藏。三是及时剔旧更新，保证读者能利用最新的文献资源。

2. 提高文献资源质量

无论是纸质文献资源还是数字资源都应提高质量、重视精品、以内容为主。不可否认，纸质文献资源仍是图书馆文献资源建设中的重要组成部分。要改变目前纸质文献资源质量差的现状，首先要注意在采购纸质文献资源时严把质量关，要坚持纸质文献资源的精品化，坚持以内容为主，图书馆应让精品的文献资源成为广大读者的阅读核心。其次在数字资源方面，由于目前数字资源数量巨大且增长迅速，质量良莠不齐，图书馆馆员要在数字资源的搜集、筛选和传播中起主导作用，专业的图书馆馆员应在对数字资源正确评估的基础上为读者提供高质量的数字资源，各个图书馆在未来也应争取通过合理的定价模式，让版权方把最好的资源授权给图书馆，服务于广大读者。

3. 坚持为用而藏

在进行文献资源建设时要摒弃“重馆藏、轻利用”的观念，要为用而藏。在纸质文献资源的馆藏建设过程中，除了提高质量，还应对读者进行文献资源利用的调查，形成报告，根据调查数据，获取读者对文献资源利用的阅读兴趣、方向、倾向性等。在进行文献资源采购时，应充分考虑读者的阅读需求，从趣味性和实用性两个角度出发采购贴近读者实际阅读情况的文献资源，提高图书馆纸质文献资源的利用率。在数字文献资源建设过程中，除了采购几大知名数字资源，还应利用大数据技术挖掘能够为读者解决实际问题的数字资源，同时还要考虑到读者的检索习惯、数字资源利用的便利性等。只有坚持为用而藏，才能在藏和用的过程中形成良性循环，实现图书馆的可持续发展。

4. 建立资源共建共享机制

数字时代，数字资源大多以大型数据库的形式存在，而由于数字版权保护的原因，数字资源成本在不断提高，这就需要有新的共享机制来共同分担数字资源管理、服务、利用的成本。同种类型的图书馆如高校图书馆之间、公共图书馆之间可以建立共建共享机制，除了自己需单独购买的一部分文献资源外，寻找共同需要的文献资源，进行联合采购。即几家图书馆共同采购一个或数个数字资源，共同使用，供应商确定总价，采购人协商价格比例。联合采购的优势是采购的价格比单体采购要低，特别是对于一些有需求但通过常规采购而不能获得资源的图书馆来说，能够以低价获得资源。因此通过联合采购的方式可减少经费的支出，这样既能避免重复浪费，又能实现文献资源的共建共享。

第二节　图书馆文献资源的共建共享

一、当前图书馆文献资源共建共享基本情况

图书馆有限的空间、经费以及资源的多样、海量性决定了任何一个图书馆都不可能包含所有需要的无限资源，泛在化、去中心化和智能化的资源服务设施使得图书馆之间跨地域和时间的合作成为可能。为了有效提高资源保障率，避免重复建设和馆藏利用最大化，越来越多的图书馆开始组成联盟开展多方位的合作。按地区、按领域、按行业组成的联盟层出不穷，跨区域、跨国界的联盟渐成趋势，图书馆集群效应越来越明显。

（一）国外图书馆文献资源共建共享情况

20 世纪 80 年代以来，美国、英国、德国等都先后建立了数量众多的资源共建共享组织，图书情报联盟迅速发展。目前在图书馆共同体国际联盟（ICOLC）注册的图书馆联盟就有近 300 个，如美国联机计算机编目中心、美国海军图书馆联盟、日本文部省学术情报中心、英国联合信息系统委员会、德国柏林勃兰登堡合作图书馆网络等都是全球著名的图书馆共建共享组织，其中由 50 个以上机构组成的大规模图书馆共建共享组织占 50% 以上。这些图书馆以联盟形式合作，主要有集中式管理的同类型图书馆共建共享组织、分布式管理的同类型图书馆共建共享组织和跨系统的复合式图书馆共建共享组织三种基本模式。

（二）国内图书馆文献资源共建共享情况

21 世纪，我国的图书馆共建共享组织也逐步形成规模。在联合目录建立、特色馆藏开发、数字资源联合采购等方面取得了很大成绩，在不同行业、不同领域的资源保障方面发挥了重要作用，信息获取发生巨大变化，馆际互借、文献传递服务系统成效显著。国内知名联盟组织主要有中国高等教育文献保障系统、国家科技图书文献中心、深圳文献港、中国财经教育资源共享联盟、粤港澳高校图书馆联盟、安徽省高校数字图书馆医学分中心等。国内图书馆共建共享组织机制根据系统划分可分为国家部委图书馆共建共享组织、区域跨系统图书馆共建共享组织和系统内图书馆共建共享组织。

（三）共建共享组织功能与服务

国内外图书馆共建共享组织的功能主要包括两方面：一方面是传统的馆际互借、特许借阅、联合目录检索、文献传递、参考咨询协作、联合采购、统一馆藏合作；另一方面是建立统一技术平台，研究并遵循统一的标准规范等。近些年，随着信息技术的发展，学科服务联盟、总分馆通借通还、数字长期保存协作、远程移动泛在服务、开放获取、个性化推荐和云服务等也逐渐成为共建共享组织的重要实践及研究内容，尤其是经济发达地区区域性组织，服务范围与服务方式更加灵活多样。

二、图书馆文献资源共建共享面临的挑战

尽管图书馆联盟组织一直致力于解决资源共建共享问题，但新时代图书馆资源建设的新特征、新要求使得图书馆资源共建共享面临新的挑战。

（一）资源数量挑战

面对数量越来越庞大、产生源越来越多、类型越来越丰富、生产速度越来越快的海量资源，图书馆的资源建设任务越来越重。尽管图书馆联盟可以解决部分资源问题，但受制于版权、系统、人员、机制等问题，共建实施存在很多问题。联盟共享资源往往都是本馆资源建设的补充渠道，对于读者的实质性、长期性需求，图书馆资源仍然存在突出的供需矛盾。

（二）资源标准挑战

随着大数据时代的到来和科研范式的改变，共建共享规范问题尤为突出，主要包括各种类型数据的元数据规范、加工标引规范、联机编目规范、统一的底层结构、统一的技术平台、统一的数据接口等。不规范的资源数据严重影响了数据交换和联合标引，重复加工问题严重，浪费了大量的人力物力，造成极大的浪费，也影响了共建共享的进程。

（三）资源存储挑战

数字资源本身的脆弱性决定了数据资源必须通过数字长期保存技术确保资源能够长期可靠有效地被访问。尽管大部分国家的图书馆已经意识到数字长期保存技术的重要性，但对于图书馆本身来说，资源的长期保存涉及众多因素，难以保证所有资源的可靠重复再现。图书馆联盟实现联盟间的资源长期保存，不仅需要技术，还需要可靠的经费和有效的运行机制。

（四）资源服务挑战

面对越来越多的海量资源，用户对资源服务的精准化、智慧化、跨学科化需求越来越突出。图书馆联盟之间的资源共知和共享服务往往局限于文献的基础检索，日益迫切的精准化和智慧化文献需求需要该领域的专业服务，跨学科的技术创新又需要跨领域的综合服务，对联盟服务提出了新的要求。

三、图书馆文献资源共建共享面临的机遇

图书馆文献资源共建共享概念由来已久，但当下图书馆及读者对文献资源共建共享的需求日益迫切，大文献、新技术、新需求也给图书馆文献资源共建共享带来了新的发展机遇。

（一）海量资源建设迫切需要合作共建

海量数据的产生使得任何一家图书馆或机构的资源建设都需要其他机构的资源来补充，资源共建已成为未来馆藏资源建设的重要手段，并逐渐得到大多数人的认可，图书馆文献共建成为必然趋势。

（二）跨学科文献需求急需资源共享

“大科学”时代，多样性、开放性、不确定性等特征使得科学研究日趋复杂，科学活动的有机性、人文性使得科学研究必须综合多学科、多方面的力量开展集成性的研究。单个图书馆的资源储备和资源服务无法有效保障跨学科研究的信息需求，图书馆间资源共享和服务合作势在必行。

（三）新技术提供了共建共享的可行性

人工智能和计算机技术的快速发展为海量文献的传输、存储提供了技术保证，人工智能在信息领域的应用使文献服务手段和方式日趋智慧化。新技术为处于不同地理位置、不同行业领域的图书馆消除了地域限制和学科限制，使图书馆间的文献大汇聚、知识大关联成为可能。

四、图书馆文献资源共建共享的思考和建议

（一）政策及资金

图书馆文献资源的共建共享离不开政策支持和资金保障。开展数字资源建设和服务平台建设需要购置商业数据库、建立网络服务环境等，包括服务器、带宽扩建等，系统的日常运作也需要投入大量的人力和物力。不同层次、不同

领域、不同地域的图书馆资源共建共享涉及机构、人员的职能变动，知识产权和文献资产需要有明确的授权与管理认可。相关政府部门应该加强顶层设计，出台相关政策文件，加强政策支持和引导，针对新技术时代的特点修订图书馆版权例外制度，完善共建共享相关法制机制。管理机构要根据提供的资源内容及服务效果进行绩效评估，对各成员馆做出差额补偿，给予经费支持。图书馆联盟要建立合理的利益调节机制和激励奖励机制，在核心馆承担主要建设任务的基础上，让每个成员馆都分担资源建设和系统运行的成本。这是图书馆开展资源共建共享的前提条件。

（二）资源和技术

海量资源环境需要多馆通力合作，共建充足的资源。如何共建如何分工、建立什么样的规则可以减少不必要的资源重复、应用什么样的数据规范能够避免多次加工、采取什么样的技术和搭建什么样的平台可以提高资源共建效率和共享能力等问题的关键是这些措施和技术的可执行性。如针对不同区域、不同系统的地域特征、产业和资源优势，建立集通用馆藏和特色馆藏于一体的科学合理的文献资源布局体系，以实现文献资源的统筹配置，开展差异化的建设和服务，凸显联盟资源优势和各分馆的独特性，避免文献资源的同质化和重复建设；制定数据规范，在满足共建共享的基础上尽可能简化，以保证联合目录的有效建立。如果一味地追求规范的严谨性，则很难适应多年来在多个标准体系下建立起来的资源共享。

（三）理念和信任

共建共享必须在共享理念被人们和机构所理解和接受的前提下才能真正在实现资源共建共享的道路上顺利前进。管理部门要重视文献信息资源共享的重要性，对资源共享进行保驾护航。各图书馆成员要提高认识，树立共建共享的大资源、大平台、大服务观念，充分认识开放共享的重要意义，愿意共享自己的特色资源并积极参与。图书馆成员要加强馆际协作，相互信任，互相提供更好、更完善的服务，提升合作共建的向心力和认同感，从而实现机构和成员的长期坚持，实现资源的系统积累。

（四）机制和沟通

图书馆资源的共建共享需要良好的组织，其成功运作需要设立与实施所有成员共同遵守的各种规章制度，需要一个良好的运行机制和有效的沟通机制。目前制约图书馆共建共享高效运作的一个重要因素就是运行机制问题。如何以资源高效共建共享为目标，弱化行政及地域分割，强化联盟理事会权力，是图书馆能否成功实现资源共建共享的关键所在。不同建设目标的图书馆联盟需要根据不同的成员情况、地理位置和联盟目标来确定合适的运行和管理机制。

第三章　全媒体环境下的图书馆资源建设

随着科学技术的发展和信息传播的需要，全媒体时代的到来是当今社会发展的必然趋势，全媒体的运营已经从最初的传媒行业发展到通信、图书出版、宣传等多种行业。全媒体的快速发展改变着图书馆的生存环境，将不可避免地改变着图书馆的服务方向和资源建设。全媒体环境下，图书馆资源建设的创新发展，是满足信息多样化和便捷性的基础，赢得读者认可，从全方位、多角度出发，可以提高图书馆的运营效率，从而避免被边缘化。

第一节　全媒体概念的基本内涵

宁波日报报业集团前社长何伟认为，对于全媒体，现在没有一个权威的、明确的定义。在实践中，我们认为全媒体应该至少有两层意思：首先它应该是多媒体的含义，其次它应该是一个融合的概念。也就是说，全媒体不是某一种媒体，而是多种的媒体融合。而媒体融合是指如何实现各种媒体的融合和协同，在实践当中我们发现创办一种新的媒体很容易，但实现全媒体的协同比较难。报业集团的媒体框架包括纸质媒体、手机报、网络等，应该说，拥有这些媒体并不能说它就是全媒体，关键要看这些媒体的融合程度。所以，我们提出全媒体不是指一个媒体，它是平面媒体与新媒体的融合。

何伟社长所指涉的全媒体，用理论术语来说就是一种融合媒介，这一结果源自媒介融合。媒介融合必然催生出新型的融合媒介，基于融合媒介的全媒体生产与信息发布平台，在传媒业界正在引起一场重大的变革，具体表现为三个方面：一是从全媒体内容产品生产的角度看，融合媒介能够实现内容决定形式的优化传播，提高传播的整体效果和市场价值的增值；二是从媒体运营的角度看，融合媒介有利于传媒企业的集约化经营，降低内容成品的生产成本，提高经济效益，形成媒体的核心竞争力；三是从媒介生态学角度看，融合媒介促进传媒产业的更新换代和全面升级，体现了媒介发展的必然趋势。

一、对全媒体概念的解读

对于全媒体这一新概念，不同的学者有不同的理解。学者彭兰没有使用全媒体的概念，而是采用全媒体化来加以解释，她认为："全媒体化的含义，应该体现在四个方面。首先，在一个全媒体的市场格局中寻找自身新的定位，构建自己的产品体系。其次，在全媒体的思维下，重新思考媒体的业务模式。再次，全媒体化不仅要为媒体自身的产品提供传播途径，也要为受众的参与提供空间。最后，全媒体化不仅是传媒机构内部的流程再造，也是一个重新定义自己在产业链中的位置、寻找外部合作伙伴的过程。"学者石长顺等对全媒体从狭义和广义两方面进行理解，并指出："它是随着信息技术和通信技术的发展应用而催生的跨媒体，是逐步衍生而成的。从狭义上理解，全媒体是指所有媒介载体形式的总和。而更为广泛的认识是，随着时代的发展，越来越多的信息传播手段带给了我们获取新闻、咨询的新体验，这类新体验都可以纳入全媒体的范畴中。"学者赵允芳从比较的角度认为："所谓全媒体并非多媒体，对于全媒体更为精准的理解，应该是在新技术背景下对于各种媒体技术的积极交融，是对各种媒体渠道的相互兼有，对于各种终端的兼容，以及对于各种媒体介质的有机组合。"

二、全媒体的基本内涵

全媒体的概念经历了从多媒体、跨媒体到融合媒体的演化与更新过程，这是对全媒体语境下媒体概念的一种全相位认识与重新定义。在概念的内涵上，全媒体和多媒体是有本质区别的，多媒体是多种文件格式的复合，全媒体是多种媒体形态的一种复合，二者本质上是不一样的。2001 年，我国第一家全媒体报业从《沈阳日报》开始尝试，自传媒业界正式提出全媒体概念以后，理论界在追随火热实践的基础上获得丰硕成果。具体而言，媒体形式的不断出现和变化，媒体内容、渠道、功能层面的融合，使得人们在使用媒体的概念时需要涵盖更广阔的词语，至此，全媒体的概念开始被广泛适用。根据"全"的两个含义，全媒体有以下的两种理解：一是完备、全面，指所有单一形式媒介载体的总和，包括众多媒体形式的"个体"概念；二是整个，是一个集体概念，是随着信息技术和通信技术的发展、应用和普及从以前的跨媒体逐步衍生而成的，体现了不同形式和功能的媒体互相融合、互动的趋势。我们可以把全媒体理解为：综合运用各种表现形式，如文、图、声、光、电，全方位、立体地展示传播内容，同时通过文字、声像、网络、通信等传播手段来传输的一种新的传播形态。从形式来看，全媒体不是指媒体类型的应有尽有，而是指不同媒介类型之间的嫁接、转化、融合。从内容来看，其基本内涵主要体现在四个方面：一是信息资源的多渠道采集；二是统一的专业资源加工；三是全方位业务系统的支持；四是多渠道资源的增值应用。从结果来看，其基本内涵主要表现为内容生产的多形态、产品发布的多渠道和传播介质的多终端。

三、全媒体的价值特点

全媒体的价值特点主要体现在以下四个方面。一是全媒体是载体形式、内容形式以及技术平台的集大成者。从传播载体工具上分可分为报纸、杂志、广播、电视、音像、电影、出版、网络、电信、卫星通信等；从传播内容形式上涵盖了试、听、形象、触觉等人们接收信息的全部感官；从所倚重的各类技术支持平台来看，除了传统的纸质、声像外，还包括基于互联网络和电信的WAP、GSM、CDMA、GPRS、3G、4G及流媒体技术等。二是全媒体包容个体的特性。它并不排斥任何一种单一表现形式的媒体，它视单一形式的媒体为全媒体中“全”的重要组成部分，并在整合运用时仍然很看重各种单一媒体的核心价值特性和优势。三是全媒体的“全”体现在对受众的全面覆盖，它的传播面广，互相整合填充人们行为的各个注意力空间。四是全媒体的“大而全”，在以受众需求导向下表现为超细分服务，针对受众的不同需求类型，选择最适合的媒体形式和渠道，实现最佳效果。基于以上分析，全媒体的应用既可以实现“一次生产、多渠道发布”（图 8-1 为全媒体内容生产流程示意图）的理想，提高信息资源的生产效率和利用率；还可以实现传统媒体与新媒体的组合营销，扩大市场的有效覆盖，为市场提供灵活的产品组合。

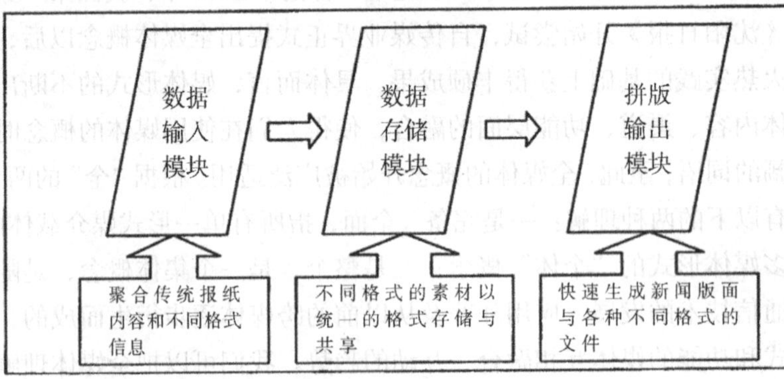

图 3-1　全媒体内容生产流程示意图

第二节　全媒体时代对图书馆的影响及应对策略

一、全媒体时代的特点

全媒体时代的来临，对各个媒体提出了更高的要求，同时也为受众提供了更多的选择。全媒体时代具有以下特点。

（一）集成化的信息发布模式

全媒体是人类目前掌握的信息流手段的最大化的集成者，包括报纸、杂志、广播、电视、音像、电影、网络等多种媒体传播方式，受众能够从多种媒介获取同一信息。

（二）立体化的信息传播效果

全媒体不是媒体间的简单连接，而是立体式、全方位的融合，全媒体可以通过文字、图像、声音、视频等不同传播手段发布信息，在服务形式上呈现三维空间效果，让受众置身各种不同形式信息传播载体的包围之中。受众在任何时间、任何地点都能获取所需要的信息内容。同时，新媒体的应用也为传统媒体提供了更丰富的传播手段，如手机电视、网络电台等，都是新媒体与传统媒体间相互融合的表现，这种融合使信息传播的立体效果更强，建构出一种全景化的立体服务格局。

（三）互动化的信息交流方式

新媒体的加入，使全媒体融合了互联网、手机等的互动交流优势，让信息的发布者和接受者之间能够及时交流互动，随时互换双方角色，既丰富了信息内涵又拓展了信息传播的空间。

（四）细分化的专业服务手段

随着全媒体进程的不断发展，在融合的同时，各种媒介形态、终端及其生产也更加专业、细分。全媒体平台可以根据不同个体受众的个性化需求以及信息表现的侧重点来对采用的媒体形式进行取舍和调整，综合运用各种不同的表现形式和传播渠道，取得最好的服务效果。细分化主要表现在以下两个方面。一是媒介形态的分化。各种媒介形态在融合的同时，细分为不同的类型。如报纸已经分化成了印刷报纸、手机报纸、数字报纸等多种产品形态，广播电视分化成网络电视、手机电视等更丰富的产品形态。此外，媒体终端的多样化也带来了传播网络的分化，如手机媒体、电子阅读器、网络电视、数字电视等分别依赖不同的传输网络。另一方面是媒介生产流程的专业化细分。在媒介融合时代，由于生产复杂度的提高，更有可能导致产业流程的专业分工和再造，出现信息包装及平台提供者走向专业化的趋向。

二、全媒体时代对图书馆的影响

图书馆作为收集、存储信息资源的专业单位，在提供各类资源和服务的过程中始终面临着各种各样的挑战。全媒体时代的来临，对图书馆管理与服务的各个方面都产生了巨大影响，具体表现在以下几个方面。

（一）跨界竞争态势明显

全媒体时代的来临，使图书馆面临的跨界竞争态势更加明显。由于各种媒体形式的存在，用户在获取信息时不再局限于传统的三大媒体，而是更多地通过网络、移动通信等新媒体平台获取信息。不可否认，全媒体的信息传播途径，使图书馆对读者的吸引力降低，到馆读者日益减少。

（二）用户阅读习惯改变

全媒体时代下，特别是新媒体的崛起对传统阅读方式提出了新的挑战，读书的形式已经发生了颠覆性的变化。数字化阅读以其海量的信息资源、便捷的获取方式以及直接感官冲击的阅读效果对传统阅读产生了很大冲击，越来越多的用户开始利用数字化的手段进行阅读。此外，用户的阅读习惯也发生了深刻变化，微阅读日益盛行，“浅阅读”现象普遍存在。搜索式阅读、标题式阅读、订制式阅读、跳跃式阅读成为用户阅读的主要形式；一目十行、片面化、片段式的“浅阅读”行为也逐渐成为用户的阅读习惯，深层阅读越来越少。

（三）信息资源多样化

图书馆是收集、整理、保存信息资源的职能部门，在以往的任何时代，图书馆都独具信息资源收集、储存的专业优势。然而随着全媒体时代的到来，信息资源呈现多样化的发展趋势，包括纸质文献、图片资源、音频资源、视频资源、数字化资源等多种资源类型并存。图书馆在进行信息资源建设的过程中，需要对各种资源类型进行划分和采购，信息资源类型众多与图书馆经费不足的矛盾日益突出。

随着互联网的迅速发展，信息资源的总量呈爆炸式增长趋势。任何一个图书馆都不可能将所有的信息资源收集齐全，当用户的个性化需求在图书馆中难以得到满足时，就会自发地求助其他媒介形式获取所需信息，图书馆信息资源的专业地位遭到严峻挑战。

（四）传统服务方式凸显不足

一直以来，图书馆给用户的印象始终停留在“借借还还”的基础服务上，很多用户并不了解图书馆开展的深层次服务内容，这与图书馆的服务手段落后、对服务内容的宣传力度不足有很大关系。而随着全媒体时代的来临，各种媒体以不同的方式吸引着受众眼球，获得受众的注意力。如果图书馆仍局限在传统服务手段和方式中，那么将更加难以获得受众的青睐，因此图书馆应着眼于结合全媒体的特点，搭建广阔的信息交流平台，将图书馆的服务“推”出去，把图书馆用户“拉”回来。

（五）管理模式亟待改变

全媒体时代的来临对信息发布、传播与利用的媒介、终端以及信息产品的生产和管理方式都产生了深刻变化，在全媒体时代，“融合”一词成了关键词，全媒体不是各个媒体之间的简单层叠，而是媒体之间、媒体内部和各项技术的互联互通与深度结合。在全媒体时代，传统图书馆的自上而下的管理结构已经不能达到良好的管理效果，而且这种层级式的管理体制也不利于部门之间的沟通与融合，所以图书馆管理模式亟须改变。

三、应对策略

（一）明确全媒体时代的地位和应发挥的作用

一直以来，图书馆界不断有学者提出“图书馆消亡论”，他们认为未来社会将是无纸化社会，数字资源的大量涌现将导致图书馆的消亡，而全媒体时代的到来，似乎又为“图书馆消亡论”提供了依据。笔者认为，在全媒体时代，图书馆更应该明确自身的地位和应发挥的作用，全媒体时代对图书馆来说虽然面临着一些挑战，但更多的是发展机遇。图书馆应当综合利用各种媒体资源的优势，在信息资源建设、信息服务提供与满足读者个性化需求上发挥更大的作用，从而奠定图书馆作为信息提供中心、信息共享中心、知识服务中心的地位。

（二）建设多层次的信息资源保障体系

随着信息资源总量的不断增长，我们已经清醒地认识到单个图书馆不可能收藏所有的信息资源，因此在全媒体时代，要更加着重建设多层次的信息资源保障体系，如图 3-2 所示。图书馆要充分利用整个全媒体环境中的信息资源来开展服务，突破信息资源“量”的概念，不再局限于馆藏资源的限制，而是在全媒体环境中一切有价值的信息都可以为我所用，为开展服务工作打下基础。

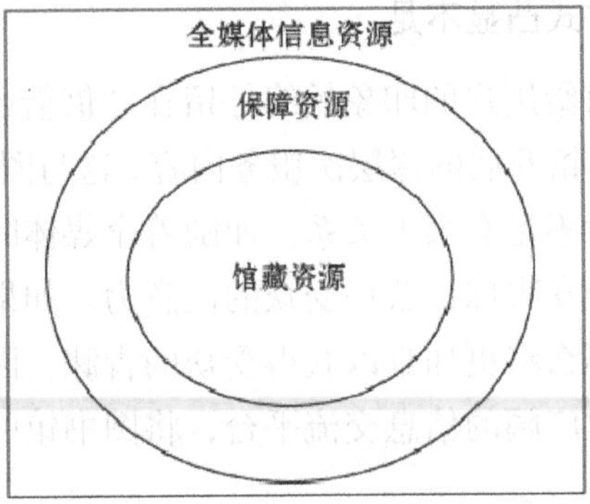

图 3-2　多层次信息资源保障体系

但是，在全媒体环境下，绝不是说要忽略自身馆藏资源的建设，不同类型、不同规模、不同层次的图书馆要从自身定位和馆藏特色出发，建设自身的特色馆藏和收藏重点，以特色求发展。图书馆要充分发挥信息资源整合的专业优势，从专题领域拓展资源建设内容，通过构建专题资源，整合各个媒体中发布的信息内容，形成资源建设的特色，为用户在获取同类资源时节省时间和精力，同时也将其列为图书馆馆藏特色资源的组成部分，极大地提升图书馆的核心竞争力。而对于馆藏不足的部分，应积极利用省市级、区域级直至全国级的信息资源保障体系来进行补充，通过建立反应迅速、快捷的文献传递平台，随时为用户传递所需的信息资源。

（三）构建立体化、个性化的服务模式

在全媒体环境下，图书馆应着力构建立体化、个性化的信息服务模式，在面对同一信息需求的服务中应综合运用多种服务手段和终端，将文字、图片、音频、视频等多种类型的信息资源全景展现在用户面前。

全媒体时代的多种信息传播渠道也将延伸至图书馆的各项服务中，为图书馆与用户之间搭建多向、交互的沟通模式。在基础服务中，读者可以直接到实体图书馆中借阅各类纸质文献，也可以利用网络随时访问图书馆的电子资源，另外，读者还可以利用手机登录图书馆的 WAP 网站进行预约、续借、查找数据库资源或者直接在手机或移动终端进行阅读。在信息服务中，用户可以利用传统的服务方式如当面咨询、电话咨询等向咨询馆员提出问题，也可以利用计算机或手机终端向馆员进行咨询，虚拟参考咨询系统、QQ、微博、SNS 网站、移动 QQ、飞信等都可以成为信息服务人员与用户交流的平台，各种媒体技术

的应用也使信息服务质量大幅提升。

个性化信息服务方式也是全媒体环境下图书馆服务的重点，随着用户专业性、个性化信息需求的日趋明显，图书馆为用户提供的信息内容应该是经过加工处理的专指性强的信息资源。在全媒体时代，图书馆可以为用户量身定制服务菜单，为用户建立“我的图书馆”。在信息内容的发送上，也可以利用三网融合技术，将用户所需信息发送到手机、电视、网络等任一终端，也可以利用相关的工具和载体为用户建立个性化的专属知识库，随时方便用户获取信息。

（四）创新管理模式

全媒体时代图书馆应创新管理模式，优化业务流程、提高服务效率。通过建立扁平化组织，方便各部门的沟通和协调，加强资源建设、服务提供与技术应用的融合，从而建设一体化的管理方式。此外，在对用户管理中，可以建立一卡通的管理方式，方便图书馆的总分馆管理，今后还可以探索同城一卡通的管理模式，用户只需持有一张卡片，即可享用同城所有图书馆的资源和服务。

（五）应用各类新技术

信息技术的应用为图书馆的发展带来了生机与活力，也为图书馆带来了翻天覆地的变化。全媒体环境下，图书馆应该充分利用各种媒体技术的快捷与便利，提升服务水平和效果。目前移动通信技术已经应用到了图书馆的各项服务之中，通过建立短信平台和图书馆 WAP 网站，用户可以利用手机实现如目录查询、借阅提醒、讲座预订、文献传递等多种功能；而广播电视也正在逐渐成为公共图书馆服务的平台，在全国文化信息资源共享工程建设中，辽宁、海南等省的电视频道已经专辟了公共图书馆的文化共享工程服务频道；上海图书馆创办的“上海之窗”网站将全球各城市图书馆建立的 50 个“上海之窗”服务点连为一体，使服务的触角延伸到了世界各地。新技术的应用扩展了图书馆的服务范围，创新了图书馆的服务方式，使图书馆在面对各类竞争时都能够保持优势，重新赢得用户的关注和信赖。

（六）加强对馆员和用户的培训教育

图书馆进行资源建设、服务提供与技术应用需要来自图书情报、计算机技术、数据库技术、通信技术、网络建设和多媒体技术等方面的专业人才，图书馆在引进各类技术人才的同时要加强对现有人员的培训，提高馆员的专业素质和业务水平，应对全媒体时代对图书馆提出的挑战。同时图书馆还要加强对用户的宣传和教育，通过专题培训、数据库讲座、新服务推介等方式，让用户在了解图书馆资源与服务的同时提高自身的信息素质，以便更好地利用图书馆的资源与服务。针对用户现有的阅读倾向变化，图书馆也要积极做出反应，通过开展导读服务、经典推荐等方式，引导用户进行深层阅读，丰富文化底蕴，发挥图书馆教育阵地的作用。

第三节　全媒体环境下图书馆资源建设面临的挑战

一、图书馆的全媒体环境

第一，图书馆的全媒体环境变化来自全媒体出版，图书作为图书馆资源的主体，一方面仍以传统的纸质方式进行出版，另一方面以电子书的形式进行数字出版逐渐成为出版发行的重要途径。尤其是数字出版，由于互联网覆盖面广、传播速度快，手机、手持阅读器等移动阅读设备发展迅速，数字图书资源已成为图书馆馆藏的重要组成部分。

第二，信息传播方式的改变导致阅读场景的变化。全媒体环境下，碎片化阅读成为常见的阅读场景。随着各种读书 APP 功能的开发，电子书、听书等读书产品不断丰富，人们在上下班、运动、做家务等一切碎片化时间段都可用来看书或听书，读者的阅读场景越来越不受时间和空间的限制。

第三，图书信息传播渠道不断丰富。除了传统纸质图书外，各种电子书、听书产品、视频教学等数字资源，通过各种 APP、微信、微博、论坛等方式传播或推送到读者端，在线阅读成为读者获取信息的主要途径。尤其是各类读书 APP 和微信公众号，不仅提供各具特色的电子书和听书产品，各类主题书单、书评和精读文章对图书的阅读推广也产生了巨大影响。

传统媒体和新媒体的交织、融合形成了全媒体环境，尤其是虚拟阅读社群、各种阅读工具的蓬勃兴起，与图书相关的知识产品通过多种信息传播方式满足读者不同场景的阅读需求，使读者获得了更及时、更丰富的阅读体验。

二、全媒体环境对图书馆的有利影响

（一）全媒体使图书馆资源更加丰富

全媒体环境下，图书馆各种类型的资源不断丰富，尤其是听书产品和视频资源。视频类数据库已经逐渐成为图书馆资源采购的一部分，听书产品及有声读物也被越来越多的读者认可和喜爱，成为图书馆考虑采购的对象。

（二）全媒体使图书馆服务模式更加优化

馆藏查询服务在全媒体环境下可为读者提供更多的查询方式，网站、微信公众号、数字图书馆 APP 成为主要查询途径；读者培训、阅读推荐、读书节活动等在组织宣传过程中逐步实现了线上、线下相结合，读者可以通过多种方式参与图书馆的各种服务和活动；智能语音聊天工具、智能机器人逐渐被应用到图书馆读者咨询服务中；到馆借阅向自助借阅发展，在馆阅读服务逐渐向阅读沙龙、创客沙龙等多功能空间服务发展。

三、全媒体环境下图书馆资源建设面临的挑战

（一）读者阅读行为的改变

“读屏时代”，读者越来越依赖移动阅读设备，电子书、在线图文、视频音频成为读者获取信息的主要载体，纸质图书阅读所占时间越来越少。全媒体时代，知识类信息在扩大传播范围的同时，其他信息如娱乐、购物、网游、交友等也不断抢夺读者的视线，碎片化阅读使读者更多地停留在“浅阅读”层面。而更高层次的“复合阅读”不仅要满足读者线上线下多渠道获取方式、传统纸质与数字阅读相结合的阅读场景需求，更要满足读者在阅读中获取知识、解决问题、分享交流、休闲娱乐等多方面的需求，读者阅读行为的改变对图书馆资源建设和服务提出了更高的要求和更多的挑战。

（二）知识付费产品的竞争

近几年，知识付费平台不断涌现，知识付费产品不断丰富，知识付费市场更加繁荣。多数知识付费平台提供电子书阅读、纸质图书销售、听书/讲书、书评、精读文章、主题书单等。其中，电子书阅读和纸质图书销售与图书馆纸质图书和电子书借阅服务重合；听书/讲书、书评、精读文章可帮助读者节约阅读时间，高效获取精华，快速扩大阅读视野，而图书馆在这方面的服务相对欠缺；主题书单在知识付费平台中采用了营销文案的写作模式，远比图书馆常规阅读推荐更吸引读者。主题书单、精读文章、书评、听书/讲书一方面满足了读者快速获取知识的“浅阅读”需求，另一方面为读者进一步“深阅读”提供了引导，极大地节约了读者的时间和精力。

（三）资源采购困难重重

全媒体背景下各类信息资源在极大丰富馆藏的同时，也给图书馆资源选择和采购带来了极大困难，如何用有限的采购经费获取优质、丰富、符合读者需

求的资源成为图书馆资源建设的难题。首先是学科内容的选择，既要满足图书馆主要服务读者群体的学科专业需求，又要兼顾读者的常用、实用需求；资源内容既要满足读者“深阅读”需求，又要满足读者在碎片化时间的“浅阅读”需求。其次是资源的来源问题，数据库商提供的各类数据库是图书馆数字资源的主要来源，在各种网络资源的冲击下常常被读者束之高阁，而图书馆采购网络资源则面临着各种资源的版权问题。

（四）全媒体信息发布平台的维护和技术压力

目前，图书馆基础常备的信息服务平台和信息发布渠道包括图书馆网站、微信公众号、图书馆APP、微博和QQ，相较于传统媒体时代，信息发布渠道更广，但也增加了图书馆对信息服务平台和发布渠道的管理难度。要想更好地利用这些平台和渠道，就需要投入更多的资金和人力。近几年，随着大数据、云计算、人工智能等技术的发展，“智慧图书馆”成为图书馆发展的新趋势，对于资金和技术相对薄弱的图书馆来说更增加了生存发展压力。

第四节　全媒体时代图书馆资源建设的途径和发展趋势

读者的兴趣、需求、阅读行为特点是图书馆资源建设的基础，在全面掌握读者需求和注重读者体验的基础上，图书馆应以全媒体为工具，与知识供应链上相关各方共同构建知识服务体系，打造同一性的资源平台，致力于为读者提供全方位的整合资源和立体化信息服务。

一、全媒体时代图书馆资源建设的途径

（一）明确定位

全媒体是一个动态性的概念，随着信息技术的发展，信息的载体工具、传播渠道会越来越丰富，在不断创新和发展中的全媒体永远也不会“全”。馆藏资源是图书馆服务的基础，在全媒体背景下，不管信息的载体工具和传播渠道如何发展，馆藏资源才是图书馆服务的基础，只有丰富、有特色、能满足读者需求的馆藏资源，才是图书馆在各种环境下生存和发展的前提。

图书馆作为社会文化职能部门，一方面要顺应时代变化，时刻关注读者需求，做好读者需求调查和研究，深入了解读者的阅读特点，从整体上把握读者的需求情况和阅读趋势，不断满足读者新的阅读需求；另一方面要明确自身定

位，图书馆作为社会知识供应链上的重要一环，肩负着文献的加工、储存和传播职能，应有符合自身特点的长远发展规划，不随波逐流。

（二）合理调整资源建设内容

1. 实体馆藏与虚拟馆藏资源互补

全媒体背景下，读者的阅读行为更倾向于“复合阅读”，既习惯于数字阅读环境，也有对传统阅读环境的需求。因此，绝大多数图书馆在资源建设中普遍采用实体馆藏与虚拟馆藏相结合的方式，且在相当长的时期内实体馆藏与虚拟馆藏并存的局面将持续存在。因此，图书馆资源建设应从整体上合理布局，使实体馆藏与虚拟馆藏相互补充以达到最优化资源配置，充分满足读者对传统阅读和数字阅读的需求。

2. 特色馆藏与普遍适用性资源相协调

不同类型的图书馆应根据自身服务的不同读者群体，有针对性地采购相关学科的文献资源，以形成独有的馆藏特色。目前，很多图书馆都在加强特色馆藏资源建设，与此相对应的一些普遍适用的、实用性强的文献资源也应成为馆藏建设的重点，如读者群体普遍需要的个人成长类、办公软件技能类、成功励志类、演讲沟通类、心理健康教育类等，这些普适性的文献资源已经成为在线知识付费平台开发产品的突破口，图书馆资源建设也应将大众读者普遍需要的文献作为馆藏资源建设的重点。

3. 引入“浅阅读”内容引导“深阅读”

我们并不能把“浅阅读”简单地划归为一种不良的阅读习惯，而应视为在全媒体背景下产生的一种阅读特点。图书馆作为知识的传播者应对读者的阅读行为加以引导，而引导的方法应该是为读者提供适合读者“浅阅读”的文献。目前，图书馆馆藏中适合“浅阅读”的文献主要是报纸和期刊，这两种文献在“读屏时代”正逐渐被读者边缘化，读者更愿意用碎片化时间刷微信阅读公众号文章。图书馆可以引入优质读书类公众号的书评、精读文章、主题书单等新媒体资源，利用新媒体资源吸引读者，对读者进行引导，为读者推荐所需读物，节省读者选书成本。在“浅阅读”的引导和推荐下，进一步利用馆藏图书、课程教学视频等资源，满足读者“深阅读”的需求。

（三）丰富采购方式

1. 馆配电子书采购方式

国内主流电子书平台如超星、书生之家、方正等，主要以包库销售的形式为图书馆提供电子资源，但这样的销售和采购过程缺少读者参与，部分资源仍像传统纸质图书一样无人问津。而在馆配电子书的采购方式中，读者可直接参与荐购，按册采购不捆绑其他电子书，所购即所用，以最少的经费最大限度地满足读者需求，可极大地提高采购资源的利用率。

2. 完善读者荐购模式

无论是传统纸质图书的采购，还是电子书、有声读物、教学视频等数字资源的采购，满足读者最直接的方式就是读者荐购，根据读者的荐购要求采购的资源就是读者最需要的资源。因此，全媒体背景下，图书馆应不断完善读者荐购模式，减少荐购程序，保证各种荐购渠道畅通，真正让读者成为图书馆资源的采购者、建设者和使用者。

3. 直接与出版发行机构对接

随着全媒体出版的发展，图书馆可直接向出版社采购所需资源。一些大型出版社所出版的图书在学科范围、作者选择上都有自己的特征和标准，图书馆直接和出版社对接，尤其是大型出版社，不仅可以打破书商和数据库商对图书馆资源建设的制约，还可以快速获取各类新书的数字版使用权限，更快地满足读者对新书的需求。

4. 与知识付费平台合作

近几年，知识付费市场发展活跃，如得到、喜马拉雅、微信读书等知识付费平台，不仅有丰富的听书产品、在线教学课程视频、书评、精读文章等，还有一大批忠实的用户和活跃的线上交流评论，这些正是图书馆资源建设和服务的薄弱部分。随着大数据、云计算、“互联网 +”及人工智能等相关技术的发展，跨界融合成为一种趋势。图书馆与知识付费平台合作，不仅可以弥补图书馆在“浅阅读”资源方面的不足，丰富图书馆资源类型，还可以通过知识付费平台流量更好地推广图书馆阅读活动。

二、全媒体时代图书馆资源建设的发展趋势

（一）建设信息保护体系

在全媒体时代开展图书馆资源建设工作，首先需要建设信息保护体系，这

主要是由于全媒体的发展需要依靠网络媒介，而网络平台在传播信息的过程中存在一定的危险性。图书馆资源建设需要为受众提供优质的服务就需要减少信息传播过程中的问题，这就要求其具备较高的安全性。信息保护体系可以为图书馆资源的安全性提供保障，资源能够以电子信息的方式进行传播，同时对其弊端进行处理。在建设信息保护体系的过程中，需要有针对性地将纸质文献资料进行整合与保护，让图书馆可以提供标准的采访数据，进而使得纸质文献的采购更加规范。图书馆在建设资源的过程中需要提高整体的供货及发运物流的能力，结合全媒体时代的发展优势，为受众提供更加优质的服务。信息保护体系的建设可以让读者在浏览阅读图书资料时，更加安心无忧，自身的信息资料在网络上不会被泄露，提高了图书馆资源建设的安全性。

（二）应用新技术

新技术的利用可以让图书馆资源建设更加多元化，为受众提供立体式的服务。图书馆负责人需要对全媒体时代的发展特点进行分析，让受众有更多的选择空间。传统的图书馆以纸质的形式作为唯一的媒介，在全媒体时代发展下的图书馆则可以利用网络信息技术将图书馆资源以手机、计算机等载体形式进行阅读。这种移动图书馆概念需要借助新的技术实现，其可以通过移动终端设备利用无线接入的方式接收图书馆提供的服务。读者可以随时查询自己的借书日期及借书期限，还能够对自己需要的书籍资料是否被借出进行查询。因此，图书馆就可以利用 3G 技术开展资源建设工作，建立全新的手机终端访问系统提高服务效用。

（三）加强馆藏揭示

在传统的图书馆资源建设过程中，其馆藏的多少只有管理人员及负责人知道，在全媒体发展的过程中，可以加强馆藏揭示，让读者能够了解图书馆的图书数量。在开展资源建设工作的过程中，图书馆需要适应时代的发展需求，对图书馆的资源进行公示。管理人员要让图书馆的资源被发现，将公共目录放入人数最多的系统中，让读者可以轻易地找到想要阅读的书籍，提高资源利用率。图书馆的资源可以放到网上，让读者可以阅读其感兴趣的图书内容，这样能够提高图书馆的访问率。图书馆的负责人需要组织管理人员开展宣传工作，利用全媒体的网络资源进行宣传，让更多的人了解图书馆的建设情况。合理的馆藏揭示能够让读者提高阅读兴趣，对该图书馆产生更大的了解意图。负责人要定期清点线下图书的数量，做好相关目录，对于线上的图书则主要需要对读者偏好的图书类型进行调查整合，了解读者的兴趣点，为资源建设提供依据。

（四）建设资源共享平台

资源共享平台的建设主要是让读者在阅读图书馆相关书籍的过程中进行交流讨论，让其能够发表自己的观点与看法。图书馆资源建设要借助网络平台，让读者能够通过移动终端登录平台，然后在平台上对自己的所想进行分享。资源共享是资源建设的重点，读者在不受空间与时间限制的情况下阅读书籍时经常想要与别人讨论，增添阅读乐趣。此时图书馆负责人就能够拓宽资源建设途径，提高读者的阅读体验。在建设资源共享平台的过程中，负责人可以开展调查，对读者的实际需求进行了解，还能够通过网络平台让读者填写调查问卷，明确其主要的交流形式。在针对不同的读者群体进行资源共享平台建设时，需要突出平台的特点，让其能够符合不同群体的特点。

总之，在全媒体时代开展图书馆资源建设工作需要明确现代化社会的发展趋势，满足群众的基本需求。图书馆负责人可以适当考虑联合发展，在为读者提供服务的过程中建立共享平台，让读者可以在阅读的过程中享受更加优质的服务。图书馆管理人员需要加强信息保护体系的建立，还需要合理使用新技术加强资源建设质量，通过资源共享平台的建立强化读者的阅读体验。

第四章　高校图书馆资源建设

所谓的高校图书馆资源，指的是高校图书馆自建立以来其所容纳的馆藏资源的总和。随着科学技术的不断发展，大部分高校图书馆的馆藏资源不仅包含了海量的纸质资源，也包含了电子书资源、影像资源等各个类型的资源。高校图书馆需根据自身方针和任务，建设具有自身特点的馆藏结构和体系。

第一节　高校图书馆资源建设的现状

资源是图书馆存在的基础，也是利用现代技术进行高校图书馆建设的必不可少的重要因素。但是，随着信息量的倍增和种类繁多的资源的出现，高校图书馆在资源配置、管理应用以及构建共享平台上还存在很多发展瓶颈。

在“互联网+”时代，高校可在资源建设过程中，将图书馆资源建设与用户实际需求紧密连接起来，利用更先进的计算机信息技术，不断优化图书馆资源结构配置，促使高校图书资源利用程度不断提升。

一、高校图书馆资源建设面临的问题

（一）资源配置不够合理

“互联网+”时代，资源共享效率逐渐提升，同时资源的共享也导致资源信息网络传输、数字资源库服务器利用等环节的安全风险逐渐提升，再加上高校图书馆在资源构建过程中，对各个学科的实际需求不够了解，导致图书馆数字资源的实际利用程度不够，如哲学、社会科学、外文等科研型资源过于薄弱，而自然科学、中文等教学型资源过于饱和情况的出现也导致高校图书馆服务效率不能有效提升。此外，与师生的互动程度不高，也导致高校图书馆资源构建与实际用户需求出现偏差，影响高校图书资源建设的顺利进行。

（二）数据资源比例不够合理

现阶段，高校图书馆已经构建了初步的图书馆数字资源库，但是由于对师生实际需求不够了解，往往会出现数字资源与实际不符、大量数字资源闲置的同时师生需求得不到充分满足的情况。如在高校图书馆资源中大多是摘要类、书目类的数字资源，而多媒体文献、全文文献等数字资源份额较少，导致数字资源库中各种资源的比例过于失衡，且高校图书馆中资源更新间隔时间过长、更新内容不稳定等原因也制约了数字资源的有效利用。此外，资源访问权限、图书数字资源的知识产权等问题的出现也导致高校图书馆资源服务质量不能得到有效的提升。

（三）难以跟进用户阅读模式改变的步伐

互联网信息时代的来临，也为高校师生提供了新型的阅读模式——数字阅读，新型阅读模式的出现对传统纸质阅读造成了很大的冲击，同时社会生产生活节奏的变化也导致整体阅读出现碎片化的特征。一方面高校师生对阅读资料由专一系统转化为休闲娱乐，且对书籍的精简性要求更加严格；另一方面图书馆内长时间阅读的模式也逐步转化为课下间断的碎片式阅读。这种情况下，数字阅读模式得到更加广泛的发展，同时纸质报刊、书籍在高校师生阅读中的占比也逐渐下降，因此互联网信息时代为高校图书馆资源的优化配置提出了新的要求，数字信息资源的建设也成为高校图书馆资源建设的重要任务。

二、高校图书馆资源建设的内容

（一）丰富图书馆资源采集途径

依据国内外学者对学科化服务的研究成果，在学科化服务的基础上建设高校图书馆资源，需要从图书馆资源收集途径着手，拓宽图书馆资源收集范围，增加资源收集途径，从而丰富高校图书馆资源。

由于每所高校的建校宗旨、教学内容和方向、专业设置等，都存在一定的差别，信息存储地点也会存在一定的差异和偏向，这就导致高校通过不同的信息采集渠道所采集到的信息，也会存在偏向。因此，高校图书馆采集信息、丰富图书馆资源时，不能采用统一的信息采集渠道，而是需要根据学校自身的专业偏向和特点，确定信息采集范围和途径，采集正确的信息资源。

为此，考虑高校图书馆设置的学科化服务体系，将高校图书馆资源的基础采集范围，固定在高校历年教材、优秀教材和精品教材、国内外相关教材、相关的参考资料、出版资料、自编讲义、网络期刊、电子书籍等，并依据学科化服务的特点，根据资源表现形式，建设学科门户、纸质馆藏、数字图书馆等，分类存储信息资源。

为了最大限度地完善高校图书馆资源，需要丰富资源采集的途径。学校历年订购的教材，需要在图书馆留样，在图书馆中查重，保留图书馆未曾收藏的教材；根据教师、学生等相关人员对教材的反馈，收集与教材相关的参考资料；凡是能在出版社出版的图书，肯定具有其本身的特点，因此，学校可以与各个出版社、书店合作，每当有新书出版时，都第一时间通知高校，由高校选择适宜的出版图书，将其收藏在高校图书馆中；教师所编写的讲义，依据其适用范围和受欢迎程度，采集与本高校专业相关的讲义；网络期刊和电子书籍，则需要与各个相关网站进行合作，建立数据库，以网站的形式，为高校生提供信息。

综上所述，高校图书馆资源建设，需要具有多元化的信息采集范围，以及多元化的信息展现形式，如此，才能丰富资源，提升用户体验。

（二）设计资源整合策略

从图书馆资源的采集范围和途径中可以看出，高校图书馆资源获取渠道众多，极可能存在冲突、重复的资源，影响高校师生查看相关资料；且在学科化服务基础上，杂乱的资源，也会影响图书馆的学科化管理体系。为此针对高校图书馆采集到的资源，进行资源整合。对于纸质类书籍，需要根据书籍的类别，划分书籍的存储位置，记录书籍信息。

由于数字信息的存储位置、组织方式、表现形式、检索途径等都存在一定的差异，虽然未曾影响到高校图书馆对资源的采集，但是为采集到的资源整合，带来了极大的困难。所以，整合高校图书馆采集到的数字信息，需要统一数字资源的整合规范和标准，加强信息检索系统的可操作性。

从高校图书馆资源的采集方式、存储地点、目录索引、资源管理和运行等方面，设计统一的管理标准，规范数字信息的存储位置、组织方式、表现形式、检索途径。当所有信息具有统一的文本格式、存储位置和检索途径时，所设置的资源存储地点，需要具有较高的兼容性，可以突破数字资源存储位置的限制，形成一个具有内在联系的有机整体，提高高校图书馆资源获取效率。

在图书馆的学科化服务基础上，还需要将数字资源按照高校图书馆专业进行划分，实施整序和重新组合，让高校师生可以更加高效地利用数字图书馆资源。

（三）共享图书馆资源

综合前文内容，可以判断，每所高校的图书馆，所能确定的资源收集范围和途径有限，为高校师生提供信息资源时，仅能提供与自身相关的信息资源，所能提供的资源过于单一，还会增加高校的工作量，尤其是在学科化服务背景下，不仅会给管理图书馆的人员增加工作量，还会阻碍高校图书馆资源建设工作的开展。因此，高校图书馆资源建设，需要采用开放的存取策略、共享信息资源。

当前的时代属于互联网的时代，数字信息十分发达，且其具有便捷、内容丰富、所花费用少、资料查找效率高等特点。所以各高校也应开放资源的存取途径，以达到图书馆资源共享的目的，尤其是在学科化服务基础上，完全可以利用多媒体，增强资源的共享性，提高资源的利用率。

高校图书馆整合的资源，需要存储至图书馆的数据库中，基于此，可以采用建设高校机构知识库的方式，实现图书馆资源的共享。在高校机构知识库中，存储高校的毕业生论文、报告、电子笔记、期刊、学术性论文等。这些存储的资源，都属于共享资源，可以让各个高校的学生共同查看，具有较高的透明度、实践价值和科学价值。

此外，各个高校还需要开放高校机构知识库的存储途径，考虑图书馆的学科化服务，设定的管理人员需要实时检查资源信息的类别，尤其是各个高校的相关人员，在上传信息时，需要确定上传的信息不存在重复现象。所以，学科化服务者，需要具有一定的信息技术水平和跨专业领域的知识素养，为服务对象提供其所需要的图书资源，从而加快图书馆资源的共享速度。

综合上述内容，在互联网时代下，高校图书馆走资源共享道路，不仅需要重视数字资源，更不能忽视作为图书馆基础的纸质资源，也不能一味追求图书馆的规模，忽略图书馆藏书的质量。因此，在图书馆的学科化服务基础上，各个高校的图书馆，需要统一图书的收藏标准，充分体现高校自身藏书的特色，所实现的资源共享，应表现为优势互补、共建共享的图书馆资源建设策略，进而避免资源重复，造成资源浪费现象，进一步提高资源建设质量。

（四）加强网站建设

面对当前高校图书馆资源建设存在的问题，提出的图书馆资源建设策略，都离不开资源存储的载体数据库和资源的表现方式。因此，需要加强高校图书馆网站的建设，所建设的网站不能只偏向数字资源一方面，而是需要包含纸质资源和数字资源两部分。由于纸质资源本身特点，且考虑高校图书馆学科化服务特征，将高校图书馆的纸质资源编写成图书目录，并在网站中，专门划分出纸质资源区域，以使高校师生查找所需的图书资源，提高书籍的借阅效率，节省高校师生借阅书籍的时间。

高校图书馆资源建设成败的重要因素，可以通过书籍搜索的精准度、资源种类、项目服务等方面进行判断。所以高校图书馆网站需要具备预约、借阅、跨图书馆借阅等功能，并设计有新书通报、教材评价、书目查询、优秀书籍介绍等板块。此外，建设高校图书馆网站时，还需要与高校图书馆的学科化服务相适应，避免给图书馆管理人员增加工作量，从而完善网站结构。

随着时代的发展，高校图书馆不能只局限在固定的位置，而是应该跟上时代的发展，建设移动图书馆，打破时间和空间的限制，让高校师生可以随时随地到图书馆中，查询相关资料，完成学术研究。如某区域的大学，将图书馆建立在微信公众号上，极大地方便了高校师生对资料的查询，并且避免了重复性的登录，以及纸质资源的重复性预约。

高校所建立的资源网站，还需要加强网站信息的交互能力。在图书馆学科化服务背景下，高校图书馆资源网站，不仅是信息服务的主体，也是信息服务的对象，在为高校师生提供信息服务时，网站也需要从高校师生那里获得新的资源，通过交互的方式，给网站和用户双方提供各自所需的资源。

除上述内容外，网站还需具有一定的个性化服务，如实施个性化定制，一旦出现用户感兴趣的资源，网站可以通过信息推送的方式，提醒用户查看相关资源，减少用户对资源的查询时间。此外，在网站中设计资源深入挖掘技术，对用户查询过的资料进行追踪和挖掘，判断用户资源查询方向，更有针对性地为用户提供相关的服务。

第二节　高校图书馆资源建设的定位及实施

一、高校图书馆资源建设的定位

高校图书馆资源建设就是要根据教学和科研需要，搜集、整理和提供各种文献信息资料，逐渐形成涵盖本校学科的馆藏结构，并依托丰富资源为广大师生服务，资源建设是图书馆服务于教学、科研工作的基础，是一项常做常新的工作。

目前高校图书馆大多将原来的“采访部”改名为“资源建设部”，这是从形式到内容的改变。因为信息“资源建设部”不同于以往的采访部门，它强调信息资源建设是系统工程，必须重新定位和思考。在进行资源建设时，许多方面都值得研究，如对现有馆藏结构进行分析统计、制定合理资源比例、构建特色资源等。各高校应根据本校性质特点、文献基础、师生规模三个方面定位资源建设目标。

（一）定位合理的馆藏结构

馆藏结构是图书馆馆藏体系中不同信息资源成分、不同学科内容、不同收藏水平的资源间的关联组合形式，包括学科结构、水平结构、时间结构、文种结构、类型结构，是资源建设的重要内容。高校图书馆馆藏与学校战略定位有很大关系，如仅是完成教育任务，那么以中文文献为主的馆藏就能满足大部分需求，但为强有力地支持科研，必须采集与学校发展方向有关的重点学科和专业领域的国内外重要书籍和核心期刊，将其保障放在重要地位。

（二）定位适度的馆藏规模

馆藏文献量和图书馆建设规模在当今已不再是衡量图书馆水平的绝对尺度，图书馆建设的重心更多地放在读者究竟从图书馆获取了多少具有真实价值的特定文献信息，这种信息的获取很大程度上取决于馆藏特色的规模，图书馆的藏书再多、建筑再大，如果读者得不到他所想要的文献资料，那么该馆对读者只不过是藏书楼或固定的建筑而已。图书馆决策者应首先从需求出发，制定适合本校发展的馆藏规划，估算经费需求，努力争取经费，保障图书馆资源建设按规划进行。

高校图书馆的文献采购收藏应采取专业化、特色化、规模化方针，更新馆藏概念，拓宽文献获取途径，在已有馆藏基础上突出特色，确保专藏，系统完备地收藏某一学科、领域的文献信息，使其在一定范围内形成“垄断”地位的藏书体系。在藏书的补充上应重视质量和品种，以便在网络环境中形成高水平的、具有特色的一次文献保障体系。

（三）定位鲜明的馆藏特色

在信息化时代，建设特色馆藏已是信息资源建设的发展潮流。但在构建馆藏特色时一定要因馆而异，确定馆藏特色建设要有明晰概念，对各类文献资源的分布情况、收藏量多少和读者需求状况等都要有综合考虑。图书馆信息资源建设要走特色之路，应根据本地特点和本馆性质、任务与读者需求，对现有文献结构、文种结构、时间结构等进行调查、分析和研究，围绕地域优势、资源优势、学科优势构思，找出既体现自身馆藏优势又满足读者需求的馆藏重点建设，逐渐形成鲜明的馆藏特色，具有区别于其他图书馆的独特资源，在全馆文献资源总布局下反映本馆专业特点和办馆水平。各单位只有形成自己的馆藏特色，才能充分发挥图书馆信息服务的整体效应，发挥各图书馆馆藏资源以及网络环境下网上资源的积极作用。

由于高校图书馆是为教学、科研服务的，读者对图书馆的需求相对集中，这种需求导向已形成图书馆各自不同的藏书特色，尤其是在高校，重点学科是学校的支柱，师资力量强，所需文献资料面广而深，故应依据本校重点学科，利用自身优势密切配合广大科研人员，及时了解学科发展动态，构建具有较高学术品位、情报价值、文种齐全，并能形成一定规模特色的藏书体系，这应成为高校图书馆进行信息资源特色建设发展的方向。努力使自身藏书体系既能确保为本校教研服务，又能为实现资源共享提供保障，这是高校图书馆生命力的重要保障。

二、高校图书馆资源建设的实施

高校图书馆馆藏的特点是明确的教育性、专业性和学术性。高校教学的主要任务是向学生传授专业知识，图书馆的服务对象对教学用书的特点也由教学工作的特点决定。如何使馆藏资源具有此特性，使图书馆真正成为学生的第二课堂和教师、科研人员获取信息的重要场地，是需要努力的目标。构建高校图书馆馆藏资源应从以下几方面入手。

（一）加强核心馆藏建设

所谓核心馆藏，就是能实现图书馆主要目标所需的资源。根据布拉德福文献分布规律，25% 的藏书提供流通的 75%，这 25% 的藏书情报含量和利用率极高，是图书馆要重点建设的核心馆藏。核心馆藏能代表图书馆主要读者的信息倾向，通常以文献是否具有较高需求作为选择和收集依据，并为便于频繁使用而保存。加强核心馆藏资源建设，保证其系统性和新颖性，使这部分信息资源占主要地位，对图书馆生存发展、建成一流图书馆具有特别意义。

（二）加强特色馆藏的建设

特色资源关键在于“特”，特就特在本馆具备别馆不具备的独特风格文献。特色馆藏一般具有永久保存和完整服务的价值。特色资源建设的工作主要有四方面：一是集中精力搜集具有某种优势的信息资源；二是对所收集的文献信息进行深加工，形成一批质量较高的二、三次文献；三是根据重点学科、重点课题，对国内外本研究领域的新观点、新思潮、新动向进行跟踪，提供定性、定量的专题报告和论点汇编；四是对特色资源进行数字化加工，充分发挥自身文献资源优势，建设好本馆特色数据库。

（三）加强重点课和特色课参考用书的收藏力度

对学校重点学科的文献应建立多渠道、多途径的采购网络和体系，并以重点学科为主题精选图书。只有主动建设才能保证入藏文献具有深度和系统性。只有建立针对性强的藏书体系，才能提高师生借阅率。为此，相关人员应广泛搜集订单，掌握这类文献的流通渠道，及时与有关单位联系，尽可能全面收藏此类文献。同时与校内相关单位建立协作关系，利用他们对这些学科研究的专深度及前瞻性，及时掌握最新研究信息并及时收藏入馆。

（四）建设实用性馆藏资源

实用性馆藏是指馆藏文献必须符合图书馆实际需要，即为教师提供教学参考书，为学生拓宽知识面提供文献保障，为教师工作提供丰富的专业文献资料。藏书结构应遵循教学用书、科研用书、学习参考用书为主，课外阅读用书为辅的原则。在应变方面，图书馆应随学校专业设置及教学内容变更不断改变馆藏资源收藏重点，以最大限度地满足读者的文献需求。对新开设专业在购书经费上倾斜，保证新专业教学工作顺利进行。

（五）重视学校文献收藏

学校文献就是关于学校的文献。即高校图书馆在学校的、反映该校人事信息的文献。学校文献应成为大学图书馆重点发展的一种馆藏特色资源。它通常包括两方面：一是“写本校的书”，二是“本校人写的书”。《普通高等学校图书馆规程》明确规定，高等学校注重收藏本校以及与本校有关的各类型载体的教学、科研资料与成果。高校图书馆在文献收藏、发掘、宣传、使用等方面做得好，对师生教研工作是极有益的。

（六）合理配置各种资源

网络环境下的文献资源结构呈多元化特征，高校图书馆应根据实际情况重新确定各种文献的采购比例，逐步加大电子出版物采购力度，特别是对利用率高及能满足读者查找特定信息单元的文献资源，同时兼顾纸质文献。对本校重点学科的核心期刊，则需要二者兼有。同时，随着电子图书的发展，使用率较高的教学参考书，应逐渐成为图书馆教学参考书服务的主要形式。另外对网上大量免费资源应组织力量定题搜集，通过建立网络导航和专题数据库的形式加以利用，这是对本馆资源不足的有力补充。

（七）积极开展馆际协作，走资源共享之路

图书馆无论规模多大都不可能全面收藏各类文献，故应积极开展网内协作，走资源共享之路，充分利用文献资源协作与协调为读者提供各种文献资源，有效提高保障度，同时促进馆藏资源利用率进一步提高。馆际互借是与其他图书馆之间根据协定相互利用馆藏满足本馆读者需求的文献外借方式。用户可在统一编目下检出所有协作馆的馆藏信息，并发出借阅要求，联机互借系统有自动报告文献有无的功能，还可预约借阅。另外，系统还能查询或传递馆际互借信息。通过采购协调，可避免重复采购造成的浪费，扩大收藏范围，网内协作和资源共享要特别注意标准化工作。

总之，在高校蓬勃发展的今天，文献需求的动态性更突出。图书馆只有办出自身特色，才能具有现代图书馆在高等学校中的应有地位。资源建设是特色图书馆的立馆之本，工作之基。建立“人无我有”具有本校特色的馆藏资源是高校图书馆赖以生存的基础和优势。

第三节　高校图书馆资源建设存在的主要问题和解决途径

图书馆资源建设是高校图书馆建设的重要内容，对高校图书馆建设工作的质量具有重要影响。但是在实际建设工作过程中，相应的问题依然普遍存在，严重影响了高校图书馆未来的发展。在新时代背景下，网络信息技术的发展日新月异，高校图书馆也应适应时代发展趋势，推进现代化资源建设和发展，为师生提供更好的资源服务，促进高校的长远发展。

一、高校图书馆资源建设存在的主要问题

（一）资源建设观念陈旧

在新时代背景下，网络信息技术发展日新月异，网络在高校教师的日常教学和师生生活过程中的地位越来越重要，使师生的生活观念和学习行为发生了转变。在这种社会发展背景下，师生对高校图书馆网络资源的阅读需求逐渐增长。但是在高校的图书馆资源建设过程中，大部分的高校图书馆的资源建设理念依然停留在传统的文献资源建设上，而忽视了网络资源建设工作，导致高校图书馆的网络资源严重不足，难以满足高校师生的阅读需求。对于高校图书馆的网络资源建设来说，大部分高校都采取与网络资源库进行合作的方式，师生可以利用图书馆或是高校的内部网络登录到相应的资源库寻找网络资源。但是

由于网络资源库中的各种资源质量参差不齐，部分资源的质量低下，难以满足师生的资源需求。同时高校图书馆之间也没有做好资源的共享工作，在高校图书馆的网络资源服务过程中，大都采用封闭性文献资源建设方式，图书馆系统的内外网络化协作建设不足。在这种情况下，高校师生只能利用自己学校的图书馆网络资源，而不能利用其他学校的图书馆网络资源，导致其资源需求受到了极大的限制。

（二）资源建设经费不足

高校图书馆的资源建设需要庞大的资源建设经费，所以在实际的建设工作过程中，资源建设经费不足的问题也普遍存在，严重影响了高校图书馆资源建设工作的进展，导致高校图书馆资源建设比较落后。第一，高校图书馆的整体建设经费有限。在高校的日常运转过程中，高校的教育经费急需支撑教师的科研和教学工作，同时又要做好高校的基础设施建设，包括高校的教学设施以及基础服务设施等，再加上其他的经费支出，导致高校的教学经费支出项目众多，实际用于图书馆建设的经费有限。第二，在高校的图书馆建设工作过程中，高校需要支付图书馆工作人员工资费用，同时还需要做好图书馆相应设备和图书资源的管理与维护工作，需要花费巨大的建设资金，导致实际用于图书资源建设的经费严重不足，影响了高校图书馆资源的购进。第三，在高校的图书馆资源建设过程中，还存在着管理人员私吞建设公款等不良现象，进而影响了高校图书馆资源建设的工作。第四，图书资源的市场价格不断上涨，导致高校的教育经费所能购进的图书越来越少，影响了高校图书馆的资源建设。

（三）资源覆盖面不广

在高校图书馆的资源建设工作过程中，还存在着资源建设覆盖面不广的现象，部分图书资源建设严重不足，难以满足师生的文献需求。在高校图书馆的文献资源建设工作过程中，应注重收集与本校有关的、各学科的全方位的文献资源，以满足各个学科师生的文献阅读需求，但是目前在高校图书馆建设工作过程中，普遍存在着资源覆盖面不广的问题。第一，部分高校图书馆在文献资源建设工作过程中，存在着只重视重点学科文献资源的建设而忽视其他学科文献资源建设的现象，尤其是对于一些比较边缘的学科来说，其文献资源建设严重不足，难以满足师生的文献资源需求。第二，在部分学科以及研究领域，我国的学术研究工作还不够深入，相应的文献资源不够充足。在这些学科和研究领域，高校图书馆的资源建设严重不足，难以满足师生的研究需求。

（四）文献资源分类整理不到位

文献资源的分类整理是高校图书馆文献资源建设的一个重要内容，对保障高校图书馆文献资源建设质量和效率具有重要作用与意义。但是在实际的高校图书馆文献资源建设工作过程中，文献资源的分类整理不到位现象普遍存在。在高校的图书馆资源建设工作过程中，文献的分类整理工作是其重要内容。第一，文献资源分类难度大。但是在实际的分类整理工作过程中，由于图书馆的文献资源较多，分类整理工作任务量较大，常常会发生整理工作失误的现象。还有一些图书文献资源分类困难，可以划分到多个文献分类之中，给工作人员的相应工作带来了困难。第二，文献资源分散管理，重复购置现象严重。师生需要阅读相应的文献资源时，往往难以第一时间找到相应的文献资源，大部分的图书文献资源一般主要分布在图书馆主馆、分馆以及院系资料室。这种图书馆资源管理方式致使图书馆的图书资源比较分散，导致在图书馆的文献资源购置时如果没有做好统筹安排工作，常常会出现文献重复购置的现象，导致经费的浪费。

二、高校图书馆资源建设存在问题的解决途径

（一）改进文献资源建设观念

面对当前高校图书馆资源建设工作过程中存在的主要问题，高校应改进图书馆资源建设观念，树立其符合时代发展的新的图书馆资源建设观念。第一，高校图书馆应注重树立以人为本的图书资源建设观念。在高校的图书馆资源建设工作过程中，高校应注重图书资源的检核快读，摒弃以往的图书资源建设观念，对待所有学科的图书文献资源都应一视同仁，不能只重视重点学科文献资源的建设，对学校的学科文献都应做好资源建设工作，保证能够满足所有学科师生的文献阅读要求。第二，在网络信息时代，还要树立电子资源文献建设的意识。在当今时代，网络阅读方式逐渐兴起，计算机以及移动通信设备逐渐成为人们阅读的主要载体。在这种背景下，高校图书馆也应做好文献资源的建设工作，不断强化电子文献资源的建设工作，满足人们的文献阅读需求，为师生提供更加现代化的文献阅读服务。

（二）加大电子文献资源的开发建设

在新时代背景下，高校在图书馆文献资源建设过程中，不仅要树立电子文献资源的建设意识，同时还要将其付诸实际行动，大力提升电子文献资源的

开发建设。电子出版物作为数字化的信息媒体，其优点之一是通过网络能够方便地实现资源共享。在新时代背景下，网络以及电子信息技术在人们的日常生活中的作用越来越突出，其地位也越来越重要，所以在实际的文献资源建设工作过程中，高校图书馆应明确自身的电子资源建设方向，重视电子出版物的采集。在实际建设工作过程中，高校应根据自身的学科以及教学需求，同时参考文献资源的实际建设需求，制定合理的建设目标，与图书文献资源形成良好的互补。另外，注重文献资源的数字化建设。在高校图书馆的资源建设工作过程中，还应注重做好文献资源的数字化建设工作，将各种图书文献资源数字化，降低资源的管理维护资金，保障资源建设的资金投入，为师生提供更好的文献资源服务。

（三）坚持特色化、多样化的建设原则

在高校图书馆资源建设过程中，应注重坚持特色化、多样化的建设原则，为师生提供特色化、多样化的文献资源服务。首先，图书馆可以依托于先进的计算机信息技术，建立师生信息中心，收集师生的图书借阅信息，从而分析出师生的阅读兴趣和爱好，并为读者制定有针对性的个性化服务。同时通过对师生阅读信息的分析和整理，还可以为高校的图书馆资源购进提供一定的借鉴和指导，保障图书馆资源购进的合理性。其次，高校图书馆可以定期选择师生参与管理工作，开展管理交流会议，让读者提出图书馆服务中的不足并加以改进。此外，高校图书馆可以对读者展开问卷调查，及时了解读者的动态信息和内心变化；可以设立读者意见箱，及时收集读者意见，改进自身的服务工作细节，使图书馆的服务能够更加符合读者的需要。

（四）加强馆际联合

加强高校之间的图书馆联合对促进高校图书馆资源建设工作具有重要作用和意义，同时也是新时代背景下高校图书馆资源建设的主要趋势。通过合作的方式可大大提高高校图书馆对文献资源的购买力，达到资源共享、节约经费的目的。高校图书馆的联合使高校学生不仅可以浏览本学校的图书资源，同时还可以浏览其他学校的图书资源，从而达到各个高校图书资源的强强互补。在这种背景下，高校图书馆的资源被大大拓展，部分资源不必再购进，有效节约了高校的建设资金，提高了高校图书馆对文献资源的购买力。

（五）强化人员培养

人力资源是影响高校图书馆资源建设工作的一个重要因素，所以高校还应注重加强图书馆文献资源建设的人员培训工作。首先，要注重强化工作人员的文献知识和计算机工作能力，使其能够适应新时代背景下的高校图书馆建设需求。其次，要注重强化工作人员的工作责任意识，培养一批爱岗敬业、开拓进取、专业技术精通的工作人员。

第四节　高校图书馆资源建设的策略及优化措施

一、高校图书馆资源建设的策略

（一）读者和资源有效融合

对用户而言，要“按需融合”，将用户的特定需求融合到资源使用中，充分掌握读者使用资源的规律，发掘各类读者潜在的使用需求，进而为读者提供个性化、精准化的服务。如对不同专业的学生来说，考取相应的职业资格证书对其以后就业、晋升都有很大帮助，因此以专业来区分不同需求的读者对其进行相应的资源推送，并且通过其检索、浏览相应资源的信息来挖掘他们对相关资源的掌握情况以便进行持续、跟踪性的推送。对于图书馆的资源来说，通过建立资源的元数据，对资源进行组织、加工和创新，解决资源之间的散乱和冗余问题，进而发现资源之间的潜在关联性，从而创造新的价值。

（二）信息系统管理及数据库的集群化管理

从高校图书馆资源管理的整体角度，就是构建一个物理分散、逻辑集中、共享共用的统一集群化管理架构和大数据平台，为高校图书馆的决策支持、信息服务等提供数据应用支撑，促进各类资源的共享、协调管理。具体实施上，可以对高校图书馆所涉及的所有系统进行全面的管理，解决统一认证问题，用单点登录代替多点登录，优化用户使用流程；对全馆所涉及的各类资源建立统一的资源管理框架，形成数据索引库；对图书馆数字化资产进行全面管理，避免资源孤立、信息孤岛等问题出现，并且结合各种形式的客户端技术将全馆所有读者数据进行汇总分析，通过大数据技术加以分析利用，深度挖掘有价值的数据信息，为高校图书馆建设和服务决策提供强大的数据支撑。

（三）构建智慧化的体系结构

信息技术的应用就是让读者便捷高效地获取所需服务和资源而不受时间、空间限制，甚至在读者没有意识到的情况下已经获得了服务，高校图书馆可以通过搭建“平台—支撑—应用”三级智慧化体系结构来实现。对图书馆整体而言，搭建一个基础平台来管理和控制各种数据资源是根本，进行全馆大数据的数据收集、标准化，对各类多源、异构数据进行有效融合，形成全面、丰富、融合的智慧化体系结构的资源基础；然后组合各个不同分工的子平台，提供相应的大数据分析决策、资源整合、数据仓储等系统作为支撑，负责高校图书馆的用户信息管理与需求预测、资源管理分析等任务；在支撑平台的数据基础上，针对具体的读者需求展开各种具体的信息服务，建立相应的个性化服务、智能搜索等应用系统。因此，高校图书馆智慧化体系结构应该是一种全方位的、立体化的结构，具有主动性、人性化、个性化、泛在化等特点。

二、高校图书馆资源建设的优化措施

为了进一步优化高校图书馆资源建设，应在资源有效利用的目标下，从用户实际需求出发，制定以下措施。

（一）完善图书馆管理机制

以往高校图书馆单一的管理制度已经不适用于现阶段高校图书馆资源管理，因此高校图书馆需根据实际发展，增设管理标准制度，如数字化服务标准、用户需求调查、用户隐私保护条例等，从而为高校图书馆资源服务提供规范的依据。为了提升图书资源的影响力度，高校图书馆可以加大高校图书馆的宣传力度，如将现有图书馆资源制作成多媒体课件或者视频等，增加高校图书馆与全校师生之间的沟通交流。网络促使高校图书馆不断改革创新，因此高校图书馆应该正确认识到数字资源对自身发展的重要作用，从而增强电子图书资源的建设力度，不断加快数字资源的更新速度，从而在完善高校图书馆结构的同时，也可以保证各类数据资源配置更加完善。

此外，高校图书馆可与相关资源供应商签订相关协议，即供应商为高校提供图书预定服务，高校师生可以依据自身需求在高校图书馆平台上预定图书，然后由高校图书馆买单，高校师生只能拥有借用观看权，在规定时间内返还，最后高校图书馆对返还的书籍进行进一步的管理，全程可在图书馆网络管理平台中进行，这种管理模式在降低了图书馆工作人员工作负担的同时，也可以促使高校图书馆资源得到更大程度的利用。

（二）构建图书馆数字化管理平台

为了进一步丰富高校图书馆图书资源内容，各高校可通过图书馆数字化管理平台之间加强资源交流，优势互补，然后促使高校图书资源竞争力不断提升。

如建立统一的图书馆网站，然后在网站中提供全国各个图书馆的图书资源，各高校师生可通过图书馆数字化管理平台增强文化沟通教学，同时开展有效的科研合作，这对高校整体竞争力的增强有着良好的促进作用。同时在高校图书馆数字化管理平台中可以制定书籍订购服务及阅读反馈栏目，从而依据用户的评价及书籍的订购比例，为高校图书馆图书资源采购提供借鉴，促使高校图书馆服务质量不断提升。

“互联网 +”时代，高校师生阅读模式的变化也为高校图书馆资源的构建提出了新的要求，因此在增设图书馆数字资源的基础上，图书馆工作人员也应该对高校师生的实际需求增加关注力度，如借助高校图书馆网站开展调查活动，然后通过对调查结果的分析，促使数字资源购置更加合理、规范，平衡各学科、教学资源与科研资源的配置结构，从而促使数字资源得到最大限度的应用。同时高校在进行图书馆资源建设时可结合优势学科需求，加大图书馆资源中优势学科的资源建设力度，从而促使高校图书馆服务质量不断优化提升。此外，为了保证高校图书馆资源服务质量，高校图书馆可定期组织内部工作人员开展图书资源管理培训，同时增加计算机硬件设备的建设力度，在节省高校师生信息检索时间的同时，也可以及时发现网站运行过程中出现的问题，定期采取维护措施，促使高校图书馆资源服务质量不断提升。

（三）加强图书管理人员的素质教育

“互联网 +”时代下，高校图书馆资源构成的变化，对图书管理人员的工作能力也有了更高的要求。如为了促使图书馆数字资源可以得到最大限度的应用，在高校图书馆中可以设置一些网络咨询管理机构，图书管理人员就需要在管理以往纸质图书资源的同时，熟练运用高科技计算机技术，并利用高科技信息技术构建网络平台，然后定期进行用户需求调查，切实了解高校师生的实际需求。因此高校图书馆应定期组织图书管理人员进行专业图书管理、信息科学等方面的培训学习，同时结合学校优势学科内容，促使高校图书馆工作人员不断提升数字资源网络管理的能力，也可以为学校各机构科研工作提供更优异的服务。同时高校图书馆也应逐步加强图书管理人员的职业道德建设，保证高校师生的个人信息不被泄露。高校图书馆的工作主旨是为高校科研及教学进行辅助，为学生课下提升构建一个良好的平台，因此高校图书馆应正确认识到自身的工作职责，为全校师生提供完善的图书资源，同时根据不同学科的教师或学生的需求，制定相应的服务模式，促使高校图书馆信息资源库质量不断提升。

同时高校图书馆工作人员应注意与高校各个教学、科研部门的有效联系，从而时刻更新自身在图书资源管理方面的理念、模式等，同时高校图书馆应完善图书馆绩效考核激励机制，进一步约束图书馆工作人员的日常行为，提高图书馆工作人员工作的积极性。

第五章　公共图书馆资源建设

数字化全媒体时代，公共图书馆必须能够适应新形势的变化，为用户提供适应其需求且内容多样的资源保障体系。公共图书馆已不再是读者获取知识和信息的唯一途径，如何更好地发挥馆藏资源价值，引导全民阅读，为社会提供优质的公共文化服务，是当前公共图书馆界所要研究的重要课题。公共图书馆应遵循共建共享、以人为本、资源组织的通用原则，坚持走共建共享、协调发展之路，实现新时代公共图书馆资源建设的新发展。

第一节　公共图书馆资源概况

一、公共图书馆的含义

我国的图书馆是在维新运动时期开始发展的，最早是维新派人士在全国各地成立学会并藏书向公众开放借阅，其中藏书除传统学术书籍外，还增加了许多西学书籍。公共图书馆则要到 1902 年清政府规定各大学堂要设立图书馆，而 1905 年才有第一座大型公共图书馆在湖南成立。其后各省也渐次成立。至民国时期，图书馆事业更加发达，对于传布新学于民间产生了不小的作用。自从有了人类社会，便产生了文字，用来记录这些文字的载体——图书也就应运而生。它记载了从古至今人类历史的发展和演变。图书馆就是要收集、加工、整理、科学管理这些珍贵的文献资源，以便广大的读者借阅使用。图书馆是作为保存各民族文化财富的机构而存在的，它担负着保存人类文化典籍的任务。

公共图书馆是一个不以营利为目的，以文献信息服务为手段，为社会公众提供精神文化产品，以提高全社会科学文化水平、改善社会公众生活质量为宗旨的非营利机构。它是具备收藏、管理、流通等一整套使用空间和技术设备用房，面向社会大众服务的图书馆，采用分级制，如省、自治区、直辖市、县图书馆，特点是收藏学科广泛，读者成分多样。它是由国家中央或地方政府管理、资助和支持免费为社会公众服务的图书馆。它可以为一般群众服务，也可以为某一特定读者如儿童、工人、农民等服务。《国际图书馆统计标准》［ISO 2789—1974（E）］中对公共图书馆做过如下定义：公共图书馆，是指那些免费或只收轻微费用为一个团体或区域的公众服务的图书馆，它可以为一般群众服务或专门类别的用户如儿童、工人等服务，它全部或大部接受政府资助。

公共图书馆的拥有主体是公共部门而不是私人机构。公共图书馆一切活动的目的是满足社会的共同需要。衡量公共图书馆绩效的指标不是简单的利润或效率标准，而是服务的质量、数量，满足社会需要的程度等多项标准。公共图书馆事业是一项公众广泛参与的建设事业，这种参与既包括物质和精神的支持，也包括对事业活动的约束和监督。

公共图书馆的服务对象是所有的社会成员，与社会所有公众成员的利益都有直接和间接的关系。同时公共图书馆的服务内容是所有社会成员共同需要的，公共图书馆作为社会文化基础设施是所有社会成员共同使用的，所有社会成员都是公共图书馆的读者，都可以使用公共图书馆，都可以无一例外地使用和享受公共图书馆的服务。另外公共图书馆所提供的服务是整个经济社会的发展，特别是精神文化发展所必不可少的条件。公共图书馆建设和服务的目的是实现公众的共同利益，社会中的全体公众都可以享受这种利益。

二、公共图书馆资源的分类

根据目前我国公共图书馆的发展状况及未来的总体发展趋势来看，公共图书馆资源主要分为馆藏文献资源、电子信息资源、相关服务资源、人力资源及硬件资源。

（一）馆藏文献资源

文献资源是公共图书馆服务的基础，目前占据公共图书馆绝大多数的仍然是传统意义上的馆藏文献资源，包括各种书籍、报刊等。目前对于馆藏文献资源的使用主要有两种途径：一是保存；二是流通。即同样的文献资源分为两部分，一部分作为图书馆内部进行刊物保存，另一部分开放上架供读者使用。目前公共图书馆的文献资源种类又增加了电子文献资源，以及相关的音频、影像等电子出版物资源。

（二）电子信息资源

电子信息资源主要是指在图书馆电子信息系统内建立并不断丰富相关资源

数据库，读者可在公共图书馆内部或者网络终端进行查询和下载自身所需要的各类信息。

（三）相关服务资源

其指图书馆工作人员通过举办各类活动，如展览、讲座、座谈，以及与社会相关单位和团体开展积极互动，充分发挥图书馆的文化教育职能和科技情报职能，扩展公共图书馆活动和影响的范围，为更大范围内的社会群众提供高质量的服务和支持。服务资源本身与馆内文献资源和网络的电子信息资源无关，但却能通过各类服务增加读者对图书馆的了解和运用，增进读者与图书馆之间的联系和感情。

（四）人力资源

图书馆人力资源主要指为图书馆工作的业务人员、行政人员及志愿者。业务人员主要负责图书馆内部的各类专业业务工作，是图书馆正常运行和发展不可或缺的重要资源；行政人员在图书馆内部主要起辅助作用，沟通、组织和协调图书馆工作；志愿者是图书馆根据实际情况，在不同时期招募的义务为图书馆提供帮助的社会人员。

（五）硬件资源

其主要指公共图书馆的各类硬件设施，包括馆舍、书库及相关办公设备等。公共图书馆要想满足社会大众对阅读和汲取知识的需要，必须在硬件指标上根据客观情况达到相关标准和水平，保证人均持书率和阅读指数。

三、公共图书馆资源的特点

公共图书馆作为完全对社会大众免费开放的公益型事业单位，它的基本作用就在于服务社会大众，满足社会大众的各项精神文化需求，这就要求其资源必须具备公共性、多样性和灵活性的特点。

（一）公共性

公共图书馆资源的公共性正代表了现代图书馆办馆的核心理念之一，是当今图书馆应具备的一种现代意识。公共图书馆作为完全公益性、社会服务性的机构，是人类文明发展的历史性要求，是文明社会文明程度的标志。图书馆资源的公共性包含三个层面的因素，即免费、开放和平等，并形成强烈鲜明的图书馆管理上的现代意识。

只有当一个社会机构向人们提供的服务完完全全是无偿性质的时候，才谈得上这个机构的公共性。公共图书馆资源的免费、开放和平等是全方位的，人们不需要任何证件，不需要任何手续，都可以走进图书馆来看书，查阅资料，收集信息。只要是读者，人人都可享受到服务，并应享有同等的服务，只有营造和谐的借阅环境，才能达成一个现代图书馆管理所追求的理想的人文环境，从而最大限度地完成图书馆自身的功能。

（二）多样性

公共图书馆资源具备多样性的特点，主要从硬件、软件两方面区分。硬件是指馆内储藏的各类文献及信息资源，以及其他相关具体硬件资源。软件方面主要是指图书馆工作人员为读者提供的各项相关服务，如举办讲座、展览及开展座谈等。图书馆各类资源的多样性直接为扩展图书馆各项职能和全方位最大限度地满足读者各项需要提供了必要的条件和基础。

（三）灵活性

图书馆的硬件与软件资源之间有着十分密切的关系，硬件资源可根据其更新速度结合软件资源共同开发和利用，如可通过新进书及其他资源进行相关专题书展、讲座，同时还可对公共图书馆自身进行介绍和宣传，使广大读者最大限度地了解图书馆的各项功能和作用。按照“请进来，走出去”的原则，将图书馆的影响广泛推广和传播到社会各个群体与机构中去，实现馆内资源与社会资源的交流互动。同时馆内的各项资源也可进行流动，如在人力资源管理方面，内部人员定期在各部门之间的调换，能最大限度地保持各部门工作的创新运作活力，同时也能促成内部人员自身的能力挖潜。

四、公共图书馆资源共享服务模式的发展演变

公共图书馆本身就是对文献信息资源进行共享的起源地。公共图书馆文献信息资源共享服务的发展，借助现代信息技术的推动，主要经历了以下三种发展模式。

（一）以文献资源所有权为主导的共享模式

20 世纪 60 年代以前，公共图书馆图书文献资源的共享规模和发展都很有限，对图书馆的读者服务工作也没有产生任何实质性的影响。早期的共享基本上都是图书馆的自发行为，直到 20 世纪中后期，才在图书馆之间开展了广泛的大规模合作，从而兴起了图书馆共建和共享。图书馆作为图书文献资源供给的主体，读者对其提供的图书文献资料具有很大的依赖性，而且图书馆在此阶

段也主要通过不断购置及与其他图书馆交换等方式，扩充其馆藏资源，换言之，公共图书馆以其丰富的文献资源引导着读者阅读。

随着现代出版技术的快速发展，文献资源呈现出了快速增长的势头，但是图书馆馆藏空间和购书经费是有限的，为了使公共图书馆更好地满足读者不断增长的需求，具备相对稳定的图书保障能力、图书馆文献资源共享成为发展趋势，以共建共享系统为载体的图书馆文献资源系统开始建设，在不同图书馆之间形成了文献资源的互补关系，在一定程度上保障了读者的需求。但是，文献资源的馆际互借，并没有对文献资源的所有权产生任何影响，具有合作关系的图书馆之间不会发生文献资源所有权的转移，共享只是文献资源实体的一种短暂转移。

（二）对数字资源整合利用的共享模式

传统的文献资源共建共享模式，本质是以图书馆为主导的，但是在数字图书馆文献资源整合利用共享中，开始以用户需求为主导。公共图书馆通过购买数据库使用权，来保障读者的数字资源需求。在数字环境中，图书馆对于读者的文献资源保障能力，不仅由图书馆自身拥有的文献资源所决定，更与图书馆对各类文献资源存取能力直接相关。数字背景下的图书馆，实体馆藏资源和虚拟馆藏资源共同构成了图书馆资源。资源的接入能力是图书馆文献资源共享的关键，单个图书馆在共享系统中具有较高的参与和整合能力，读者通过图书馆获取的文献资源越丰富，就会有更多的共享潜在收益。

广泛意义上的图书馆合作，则可以依托各类文献资源共享系统而开展，甚至可以通过跨地域图书馆之间的合作网络来构建。图书馆文献资源共享，其动力来源于在数字资源快速增长中提高读者的阅读兴趣，每个图书馆都可以成为共享系统中的一部分，都可以被读者接入，从而更好地整合不同类型和不同来源的信息资源，为用户提供无差别、一站式的文献资源服务。

（三）以共享经济为基础的读者服务模式

在共享经济环境下，公共图书馆传统的统一性资源平台，对差异化和社群化读者需求提供服务的模式已经很难适用于即时化和知识化的文献信息需求。首先，公共图书馆需要依据共享系统，对读者的行为数据进行采集、分析和利用，为读者需求提供差异化的服务，而这些是公共图书馆传统服务模式很难适应的。其次，公共图书馆在共享经济模式下，需要构建以文献资源共享系统为依托的开放资源建设模式，而且需要把这些数字资源转换为更加开放的出版模式，对用户需求进行追踪，以公共图书馆的资源平台为中介，实现读者和图书馆之间的双向互动关系。也就是说，在共享经济环境之中，公共图书馆的文献资源共享服务模式逐渐向共享框架下的个性化读者服务模式转变，共享平台的重要性得以体现。

第二节　公共图书馆资源配置现状

一、公共图书馆资源配置的含义及特点

（一）公共图书馆资源配置的含义

公共图书馆资源配置，是指对有限的、相对稀缺的资源进行合理的安排和搭配，从而达到用最少的资源耗费获取最佳收益的目的。公共图书馆的资源配置，就是根据客观实际客观、科学地对图书馆现有的各类资源的结构和运转方式进行优化组合，保证各类资源的利用率最大化、构成合理化，充分发挥其作用，从而获得最佳收益。资源配置的合理与否，对公共图书馆发展的成败有着极其重要的影响。

（二）公共图书馆资源配置的特点

公共图书馆资源配置主要根据自身的实际情况和服务对象的需求进行，即通过内部计划配置和外部选择配置两种方式相结合进行。

1. 内部计划配置

公共图书馆根据实际的需要和可能，以计划配额、行政命令等方式来统管资源和分配资源。内部计划配置可以从整体利益上协调资源，集中力量完成重点工作，但易于出现资源闲置或浪费的现象。

2. 外部选择配置

外部选择配置是根据读者利用公共图书馆的不同需求对资源进行配置。这种方式是通过公共图书馆与读者发生的直接联系进行的，但也存在不足，读者选择的随意性、随机性和偏重性可能产生资源配置的失衡。

因此，为了确保公共图书馆资源实现优化配置，就必须采用这两种配置方式相结合的方法。

（三）公共图书馆资源配置的理论依据

1. 公共管理理论

所谓公共管理，就是在一定的环境中，以政府为核心的公共组织，凭借公共权力，为促进社会整体利益的协调发展，采取一定的方式对公共事业即关系到社会全体公众整体的生活质量和共同利益的特定的社会公共事务进行调节控制的过程，或对关系到社会全体公众整体生活质量和共同利益的由纯公共产品和准公共产品构成，并以准公共产品为主的产品生产和提供调节与控制的过程。

公共图书馆作为面向社会开放提供其资源的公益型机构，其在管理上必须实现公共管理，在管理理念和管理方法上要始终把社会全体公众的利益摆在首位，自身的运行需要全社会的监督，自身的资源由全体公众共享，自身的发展需要根据社会大众的需要进行。

2. 公共产品理论

公共产品是私人产品的对称，是指具有消费或使用上的非竞争性和受益上的非排他性的产品。这些产品能为绝大多数人共同消费或享用，其特点是一些人对这一产品的消费不会影响另一些人对它的消费，具有非竞争性，某些人对这一产品的利用，不会排斥另一些人对它的利用，具有非排他性。

公共图书馆的基础资源是为了满足社会大众的公共需要的，具备公共产品的效用的不可分割性、消费的非竞争性和受益的非排他性等特点，因此，它对社会大众所提供的资源就是公共产品。

3. 公共服务理论

公共服务是指在纯粹公共物品、混合性公共物品以及特殊私人物品的生产和供给中所承担的职责与履行的职能。

公共图书馆的经费主要由国家财政拨给，使用的是国家转移支付的税收资金，承担的是公共部门委托的、为社会公众服务的责任，因此公共图书馆具有作为公共服务组织的基本特征。

二、当前我国公共图书馆资源配置现状

（一）公共图书馆资源的配置情况

当前我国公共图书馆的资源发展情况呈总体上升趋势，截至 2019 年年末，全国共有公共图书馆 3196 所，比上年末增加 20 所。全国公共图书馆从业人员 57796 人，比上年末增加 194 人。2019 年年末，全国平均每万人公共图书馆建

筑面积 121.4 m^2，比上年末增加 7.0 m^2；全国人均图书藏量 0.79 册，比上年末增加 0.05 册；全国全年人均购书费 1.68 元，比上年末减少 0.09 元。

文献资源建设已日益受到国家有关部门的重视，在文献资源共建共享方面图书馆已基本形成共识，全国性和地区性的文献资源协作网络正在逐步形成，文献资源共建共享已有了良好的开端。同时，在数据库建设和联合目录编制上开始注重标准化与规范化，并运用计算机技术将建库重点放在数据库群的建设上。不过，馆藏文献资源和电子信息资源虽近年有所增加与丰富，而且增加比重呈不断上升趋势，但距完全满足读者需要的目标还有相当大的差距。长期以来，县级公共图书馆购书经费占总支出的比例持续下降。全国 2391 个县级公共图书馆中，有 733 个县无购书费。

随着知识经济时代的到来和社会生产力的不断发展，社会大众对精神文化方面的需求也在不断提高，需求领域不断扩大，这些都是促进公共图书馆不断向前发展的客观前提条件。但目前我国公共图书馆资源的发展速度仍然不足以完全满足社会大众的实际需求，这就要求公共图书馆在自身发展的过程中不断加以总结和创新，在探索中求发展，在改革中求生存。

（二）公共图书馆资源的配置运作模式

当前公共图书馆资源配置的运作模式仍然是采取链式管理，即以主链采购—储藏、上架—流通及其他相关链做辅助和依托，实现文献资源充足化、网络化、共享化，电子信息资源丰富化、即时化，服务资源广阔化、纵深化，人力资源科学化、高效化，硬件资源优质化多方面发展，且各个资源方面的发展紧密结合，逐步实现集群化管理及区域卫星网络式分布模式，最终实现多维化数字图书馆时代的到来。

三、当前我国公共图书馆资源配置存在的问题

当前我国公共图书馆在发展中仍然存在着许多困难和问题，诸如入藏量不够，资源共享程度不高，利用率低下，现代化进程缓慢，规范化、标准化建设滞后，人力资源配置不合理等。

（一）资源多元化意识不强

知识经济条件下的公共图书馆，其资源已趋多元化。公共图书馆是靠国家投资的文化设施，工作节奏慢，内容相对单调，本位主义、保守主义、重藏轻用和自给自足的小农意识较强，旧有的文献 - 读者 - 文献的流通方式依然占据主导地位。资源多元化意识不强主要表现在资源认识、资源整合及资源利用等方面。

1. 资源认识不够

这一点体现在图书馆内部和读者两方面，图书馆人对自身还基本处于图书管理员的认识层面上，缺乏对图书馆工作人员应履行职责的更新的认识和理解。而读者对图书馆的认识依然体现在“办借书证，到柜台借书、还书”的阶段，没有认识到图书馆各类资源的用途，利用图书馆手段单一。

2. 资源整合方式匮乏

公共图书馆中部分资源之间是可以实现整合的，如馆藏文献资源可以通过注录转化为电子信息资源。当前馆藏文献资源向电子文献资源、服务资源的转化程度低下，转化比例远远不能满足当前的实际需要。

3. 资源利用程度低

由于图书馆兼有储藏和流通两种职能，所以才有书库和借阅区域两个地域的存在，但当前馆内藏书流通量小，许多文献都长期积压在书库内，读者无法阅览，丧失了其使用和传播知识的价值，电子信息资源的使用也由于硬件设施和网络建设程度的限制而不能得到充分共享和利用。

（二）条块分割现象严重，横纵联系性差

长期以来，我国公共图书馆按行政建制形成了条块分割、多元分散的结构模式，自成体系、各自为政、自给自足，缺乏总体上的宏观管理和协调。公共图书馆条块分割情况严重，横纵联系性不强主要是针对图书馆与社会之间、图书馆与图书馆之间，以及图书馆内部各部门、工作各流程之间而言的。

1. 图书馆与社会的沟通联系不够

大多数图书馆的运作模式还处于“等读者上门，候读者借阅”的阶段，“走出去，请进来”的意识不强，工作主动性、积极性和创造性依然不够。

2. 图书馆之间的沟通联系不够

馆际之间的交流互动很少，书籍发展、流通走向的信息获取渠道相对单一，先进的工作方式得不到推广，丰富的工作经验得不到交流，仍然处于“故步自封，闭门造车”的阶段。

3. 图书馆内部各部门之间交流不够

如对外服务部门与内部储藏部门之间来往很少，著录索引部门与信息咨询部门的信息沟通及时性不强，极容易造成工作的被动和滞后，导致工作失误率的提升，而且不能在第一时间满足读者的需要。

（三）资源缺乏且比重分配不合理

资源比重分配不合理主要指的是各类文献、信息资源，体现在储藏的缺失（无或者断档）、更新速度较慢等方面。

①图书馆目前的资源状况基本属于“大而全，但缺乏侧重点和即时”，有些学科和领域的资料比较齐全，但有些则比较少。

②部分文献资源及信息资源时常出现断档情况，这种现象主要出现在期刊和报纸类读物中，有些已经订阅的期刊和报纸由于读者使用率低或使用率的不稳定，经常出现某些年份的资料缺失的情况。

③文献资源及信息资源的更新不适时，不能根据当前社会环境和实际情况进行，缺乏统一、及时和灵活的配置和分布，循环流通速度慢，范围小，而且此种局面在相当一段时间内难以改变。

（四）人力资源配置不合理

目前公共图书馆人力资源配置中的问题是高、中、初级人员比例失调，岗位设置不明确，专业不对口等。

1. 高、中、初级人员比例失调

按照我国人事制度要求，图书馆系列职称分为三级，且对各级人员应从事的工作性质予以定义和划分，但是目前最普遍的现象是大多公共图书馆中级人员比重过大，岗少人多。

2. 岗位设置不明确

目前我国许多公共图书馆中相当一部分中级人员不得不去做初级人员的业务工作，而且职称资格兑现也由于编制名额有限而不能够得到及时解决，除此之外，各部门岗位数量的设置也存在不合理性。

3. 专业不对口

图书馆工作人员是图书馆专业毕业的只占很少一部分，有许多都是最初从其他专业毕业的人员转而从事图书馆工作的，工作熟练程度不高，工作积极性容易受挫。

四、当前我国公共图书馆资源配置问题的成因

（一）旧有体制导致各地区经济实力、文化生产力发展水平不一致

随着我国社会生产力和经济建设的不断发展，公共图书馆业的发展也呈不

断上升趋势，但就目前情况来看显然还未与经济发展水平的步调形成一致。各地经济实力、文化生产力发展水平的不平衡、不一致导致各地公共图书馆的规模差异呈逐渐扩大的趋势，这一现象在东部沿海经济发达省份和西部经济相对较为落后的省份之间体现得尤其明显。

东部沿海地区作为我国经济发展的前沿阵地，市场经济体制已较为发达和成熟，经济、文化发展迅速，接受新思想、新思维的条件便利，而西部欠发达地区受经济、交通、信息等多方面因素的制约，公共图书馆事业发展一直很慢，其中最关键的原因是经济体制未能完全转型，地方经济落后，缺乏与经济发达地区平衡发展的竞争实力，无法稳住现有的专业人才和引进有用的、急需的技术性人才，无法获取读者所需的文献信息资源和服务设备。

（二）相关法律、法规未建立，标准化程度不够

公共图书馆事业需要有相关法律的保护，它的发展也需要有相关法律作为依托。但目前我国调节国家与图书馆之间、图书馆与其他组织之间以及图书馆与读者之间等在图书馆活动中所产生的各种关系的法律规范较少，图书馆的发展相应地受到了影响。

公共图书馆的工作必须保证标准化，按照相应标准进行。对于公共图书馆资源的利用，从整体角度看，国际范围内的必须通过国际标准来加以规范和实行，全国范围内的必须通过国家标准来实现。而国家标准应本着向国际标准靠拢的原则，力求与国际接轨。但当前我国许多公共图书馆对国际、国家标准的相关内容和要求仍然是一知半解，缺乏有效的领悟和执行，制度和程序上的模糊、混乱，直接导致了资源配置不合理现象的产生和存在。

（三）传统的“藏书楼”式资源配置方式依然占据主导地位

在知识经济时代，图书馆应该是满足读者各种需求的开放式场所，公共图书馆资源配置的发展趋势是朝向未来的“开放”式配置和“超市”式配置过渡，通过完全开架的“超市”式配置资源，让读者进入书库挑选自己所需要的书籍和相关资料。通过“开放”式资源配置，积极引导读者通过网络数据库查询自己所需要的信息资源。但目前我国大多数公共图书馆采用的仍然是旧有的“藏书楼”式资源配置方式，储藏书籍的功能仍居主导地位，书籍的使用价值远未开发出来，无法满足读者求知的需要，还造成了文献资源的价值缺失和无谓浪费。

（四）各类资源匮乏，不能满足客观实际需求

传统文献资源、电子信息资源和服务资源是图书馆资源共享的基础，实现资源共享需要丰富和充足的文献资源。目前，各类相关资源贫乏是影响我国图书馆发展和实现资源共享的一个重要问题。

首先，从文献资源保障体系上看，文献资源建设缺乏统筹规划和合理布局，未形成完整的文献资源保障体系。由于经费的增长远远跟不上国内外书、报、刊的增长，迫使图书馆购买力逐年下降，使得图书馆入藏资源贫乏，文献资源收集的完整性、连续性受到很大影响，造成满足读者的需求程度不断下降。城乡差别大，基层图书馆资源贫乏，有借书证的人数仅占总人数的千分之五，平均每 45.9 万人口才拥有一个公共图书馆，人均拥有书 0.27 册。

其次，实用数据库不足且问题较多。图书馆资源数据库的建设已经成为不可忽视的问题，它是衡量现代化资源共享水平的重要标志之一。在这方面我国起步较晚，目前还是偏重于部分数据库的建设。这些数据库的建设使我国图书馆的电子信息资源共享有了良好的开端，但是还远远达不到我国科技发展的要求。

最后，相关服务资源提供及分布范围不广泛。目前我国大部分图书馆服务资源仅局限于馆内，且宣传、推广程度不够，参与读者人次和规模数量都很小，对外也仅仅局限于周边部分对口单位，覆盖面积深度和广度都不够，远远不能满足城乡实际需要。

（五）行政行为和旧体制影响人力资源配置

公共图书馆虽然一直强调人才的引进、使用和培养，但是对人力资本概念的认识不足，只是单纯从图书馆的业务技术管理和发展的角度来考虑，图书馆工作人员的职级和待遇既带有政府公务员管理的色彩，又带有科研单位科技人员管理的色彩；馆内各级负责人套用政府公务员序列，其他人员套用科研人员序列，如研究馆员、副研究馆员、馆员等。这样的序列和评聘方法带有浓厚的政府行为和计划经济的影响。职称论资排辈，不问能力高低，高、中、初级人员比例失调，岗位设置不明确，所学专业不对口，没有形成人才成长的良好氛围，挫伤了大多数人的积极性，使他们丧失了主动进取的精神。由此导致骨干队伍特别是青年人才的严重流失，队伍素质下降，工作效率低下，学术水平整体滑坡，服务对象不满。

第三节　公共图书馆资源建设的基本原则及策略

一、公共图书馆资源建设的基本原则

在资源保障体系中，资源是外在形式，知识服务是内在核心，所以在建设资源时，不仅要考虑到资源的采集、存储、发布、利用，更要深入资源的背后，挖掘其内在价值。公共图书馆在资源保障体系的构建过程中，应重点把握好以下原则。

（一）共建共享原则

通过信息服务保障公民的信息获取和使用，确保每一位用户都能够公开、公平、公正地使用图书馆资源，享受图书馆的信息服务是图书馆服务的战略目标之一，因此，无论是纸质文献资源，还是数字化资源，都讲究信息资源的开放和共享。从一方面看，资源的共建共享能够在整合各馆资源的基础上，最大限度地满足用户对信息资源的需求。单个公共图书馆由于受到自身规模、预算、发展战略的限制，不可能仅仅依靠一己之力满足用户的多元化信息需求，同盟共享、馆际互借是图书馆资源建设的必然发展趋势。随着“开放”式存取进程的深化发展，图书馆资源共建共享将不断突破区域限制、机构限制，实现新的高度。从另一方面看，资源的共建共享能够激发知识的流通，知识的流通需要开放性、关联性等多个要素。开放性越高，知识的流动性也越高；关联性是指将单个的数据解放出来并联在一起，打破原有僵化的秩序，在建立新秩序的过程中，知识相互碰撞，激发出新的创意与火花，资源的共建共享能够最大限度促进开放性、关联性等激发知识流动的要素，有效实现信息的加速流动和价值再生。

（二）以人为本的构建原则

传统的图书馆资源建设围绕着书本展开，忽视了用户对资源的需求，最终导致了较低的资源使用率及投资回报率。在新型的资源构建过程中，公共图书馆需要始终坚持以人为本的构建原则，以用户的信息需求及信息使用模式为出发点和落脚点，做到：所建设资源能够在最大限度上迎合用户的信息需求，并能跟上用户需求模式的变化；资源提供的形式能够反映用户的信息使用模式，方便用户快速便捷地使用。

（三）资源组织的通用原则

这种通用性体现在两个方面：一是资源类型的同构性，同构性或者说兼容性指事物之间具有的相同的或是说相类似的结构系统，同构性能够促进资源传播的流畅性，减少传播障碍，提升传播效率；二是资源交换的通用性，在人人都是自媒体的创客时代，每一个人都可能是资源的创建者，因此，图书馆在资源建设的过程中要开发方便用户编辑使用的资源，使资源更易于集成、迁移。

二、公共图书馆资源建设的策略

（一）认识资源建设的战略重要性

统一思想，提高认识，切实将资源建设作为图书馆建设的新领域。传统图书馆服务模式造就了馆员以书为本的服务理念，体现在馆员工作流程中的采访、编目、流通均围绕着书本展开，图书馆的空间设计同样也体现着以书为本的服务理念，封闭的阅览室极不利于知识的流通与再生。进入新的数字化时代，图书馆及其馆员必须认识到自身理念转变、服务转型的必要性，认识到资源在社会经济发展、人类进步中的战略意义，资源建设应当被公共图书馆作为建设的新领域、新增长点，必须花大力气谋划好、建设好。信息化和经济全球化是图书馆发展的动力，信息化的发展给图书馆带来了资源的数字化、信息传递的网络化，并打破了信息获取和传递的时空限制。公共图书馆的资源建设工作必须在充分认识到以上观点的基础上展开，处于信息化时代的馆员更是要认识到资源建设的战略意义，要始终秉承开放、以人为本的服务理念，做到：①积极与用户沟通，随时掌握用户信息资源的需求动态，理解用户的信息资源使用模式，并以此为据设计相应的信息服务，构建合理的资源保障体系；②积极掌握信息时代的各项技术，深入探索如何利用各项新技术、新工具拓宽资源的建设思路和建设途径；③以资源建设为着眼点，为用户开辟信息交流、传播、管理、使用的新型数字化平台，为人类提供共享协作的学习空间、科研空间、社交空间，促进知识的流动。

（二）统筹规划，加强协作，协调发展

在资源建设的道路上，公共图书馆必须坚持统筹规划，加强协作，协调发展的构建原则。①统筹规划。统筹规划是指国家、省一级图书馆对下级图书馆及基层图书馆的统一要求和指导，资源的共建共享是一项系统性工程，绝不可能一蹴而就，必须在国家、省级单位的领导下，制定统一的规范，努力在资源

建设上形成全省乃至全国公共图书馆的一盘棋。这种统筹规划的优越性主要体现在两个层面：一是国家、省一级图书馆能够在整合区域内公共图书馆资源的基础上，从更高角度展望未来信息化的发展趋势，进而制定资源保障体系的构建方针、政策、路线，并形成规范化的标准、实施细则，有利于区域内资源建设的效率；二是统一的战略指导能够形成区域内图书馆联盟的向心力和凝聚力，促进公共图书馆今后在其他合作领域的创新发展。②加强协作，协调发展。信息化的特征是一体化，公共图书馆作为社会主义文化事业的重要支柱，在今后的发展道路上必须形成统一的整体，加强合作与交流，实现资源互补、优势互补，进而形成一定区域内有机整合的资源保障体系，促进社会的学习化进程。

（三）建立人力、物力、财力的社会保障机制

资源保障体系并不能凭空而建，必须以强大的人力、物力、财力基础为依托。各分馆在总馆的统一规划、协调指引下，必须加大对资源建设的投入力度，将各项资源建设工作落到实处，建立健全人力、物力、财力的投入保障机制，具体而言有以下两点。①公共图书馆必须建设一支具备高素质、高技能的馆员人才队伍。高素质包括积极开放的公共服务热情、端正的工作态度、较高的信息素养和数据素养；高技能包括掌握信息技术的能力、运用创新思维解决问题的能力、与他人协作的能力等。高素质、高技能的馆员在资源保障体系的构建中起着中流砥柱的作用，是建设工作的智力支持。②公共图书馆必须加大资源保障体系的资源投入，这既包括各种数据库资源的采购投入，也包括新技术、软件平台的开发应用，强大的物力、财力投入是资源保障体系构建的物质保障。唯有以强有力的物质保障和智力支持为前提，公共图书馆才能在多方资源整合的基础上，形成适应新形势变化、迎合用户需求的资源保障体系。

第四节　公共图书馆与高校图书馆资源共建共享策略

信息资源整合和共建是公共图书馆与高校图书馆资源共建共享的基础。高校图书馆针对校内师生开放，其纸质信息资源和电子信息资源都十分丰富。而公共图书馆由于经费不足，各方面资源都十分有限，但仍然不乏独特之处。要想共同建设、共享资源，就要基于图书种类、内容及读者类别等信息，将信息资源重新进行混编或分类，以保证资源同步，从而满足读者的借阅和检索等需求。在图书馆共建共享过程中，图书的管理与保护十分重要。高校图书馆面对的人群是教师和学生，基于其较高的文化素养，图书的管理与保护工作较为容

易。而公共图书馆因面向社会开放，损坏书籍的情况时有发生。因此，在图书的管理与保护方面，要建立完善的管理制度，可从借阅前、借阅时、借阅后三方面进行监督制度建设，督促读者养成爱护书籍的习惯，实现良性循环。

一、引入先进技术

公共图书馆与高校图书馆的共建共享工作需要先进技术的支持。二者所采用的管理技术、检索技术、配套技术具有操作简便、流程简捷等优点。公共图书馆与高校图书馆共同建设，其目的是让更多的读者能够共享更加丰富的资源，使资源得到充分利用，充分发挥图书馆的社会价值，创造更大的社会效益。要想达到共享的目的，就要保障共享的有效性和可持续性，以达到最优的资源配置。二者共建共享，不是普通、随便的组合，而是要优化资源配置，使双方共同发展和进步。在建设过程中，要仔细分析二者之间的利害关系，充分满足读者需求。

二、拓展图书馆角色

公共图书馆与高校图书馆应遵循自身特色，积极发挥所长。例如，公共图书馆虽资源有限，但其承担着相应的社会职能，长期参与着社会生活，更加了解社会人群的习惯和秉性，而且经常与企业联合开展活动，与企业的关系比高校图书馆更为密切。虽然高校图书馆能为师生提供丰富的信息资源，但大多数高校图书馆只面向校内师生开放，与社会严重脱节。在智能化和移动阅读的冲击下，高校图书馆已变成了藏书地和学生的自习室，并不能对学生的社会生活起到指引作用。而公共图书馆与高校图书馆的共建共享，既可以充分发挥高校图书馆的资源优势，又可以充分发挥公共图书馆的社会职能，二者各有所长，能取长补短。

公共图书馆与高校图书馆可以定期开展特色活动，为社会读者和校内师生提供互动成长的机会。例如，可以开展特色讲座，邀请具有专业特长的师生和具有一定成就的社会人员作为“真人图书”，向活动参与者传授经验，拉近高校与社会的距离，提供学生与社会人员接触的机会。这样的特色交流活动既有利于学生的社会化，也有利于社会人群的素养化、精英化，从而形成良好的社会文化习惯，提高社会文化素养。

三、合理规划图书馆设施

现代图书馆不仅是知识的存储中心，更是读者的学习中心、交流中心。在公共图书馆与高校图书馆资源共建共享过程中，图书馆要以读者为中心，应根据不同读者群体的需求，在馆藏分布、内部设施、结构划分等方面进行有针对性的建设，既要符合整体布局，又要突出本馆特色，从而为读者提供舒适、温馨的空间以及合理、专业的服务。学生读者群体既有在图书馆阅读的需求，也有交流、自习的需求，又有安全性、隐私性等需求。而社会读者群体则有娱乐休闲需求、培训进修需求、育儿需求等。因此，要优化空间结构布局，合理规划设施，设置多元空间，满足不同读者的需求，激发图书馆活力，使其发挥出更大的职能作用。

四、创新工作方法

在建设过程中，培养人才队伍、引进先进技术、空间布局、设施建设等，都离不开经费的支持。图书馆可联合企业开展活动，在解决资金问题的同时，既可以吸引企业参与到图书馆建设中，又能发挥图书馆的社会化职能。同时，可以在企业和学生之间架起沟通与互动的桥梁，既有利于学生体验社会生活，走近企业，又有利于企业走进校园，宣传企业文化，吸纳优秀学生为企业工作。以开展“汽车图书馆”活动为例，图书馆可邀请相关企业员工与学生分享汽车主题理论知识及其在现实工作中的应用等内容，由企业员工进行专业化讲解，学生可以提问交流，让学生充分了解书本知识与现实工作之间的区别，激发企业员工的自豪感与荣誉感，鼓励企业更好地服务社会。

公共图书馆与高校图书馆资源共建共享，对高校图书馆而言，推动了先进技术的发展，扩大了图书馆规模，深化了管理职能，开拓了社会职能，使高校图书馆能更好地服务于学校和社会。对公共图书馆而言，突破了经费、技术、资源等瓶颈，使其能充分发挥自身的社会职能，弥补高校图书馆在这方面的不足。二者资源共建共享，既能为国家培养优秀人才，又能推动地方经济建设和精神文明建设。但也存在一些问题和矛盾，如图书管理问题、图书借阅优先制度问题、读者群体间存在的冲突问题等。在共建共享过程中，还需针对此类问题进行进一步研究和探讨。

第六章　数字图书馆资源建设

随着现代信息技术的飞速发展，以及图书馆和其他相关信息服务机构在数字化服务方面的长期积累和投入，数字图书馆的理念已逐步深入人心，为普通大众所接受。但是，关于什么是数字图书馆，它涉及多大的范围和领域，具体提供什么样的服务，这些问题却因人而异，有着不同的答案。这一方面是由于数字图书馆这一概念还没有形成普遍认可的定义，特别是它所具备的显著的跨学科特征，使得其在所跨学科的每一领域都有自己具体的特点、要求和问题，从而使得这一定义本身就很难被准确限定；另一方面则是由于数字图书馆的理论定义与工程建设中的实际情况往往又存在一些差异和冲突，使得人们在现实生活中往往陷入困惑。因此，本章将在引入多种数字图书馆概念的同时，从多角度来解释和说明数字图书馆概念的内涵，为读者理解数字图书馆在信息化背景下的发展奠定基础。

第一节　数字图书馆概况

目前，数字图书馆能够具体分为三种形式：文库数据库型数字图书馆、门户数字图书馆、综合一体化的数字图书馆。从根本上看，数字图书馆并不仅仅是数字化的知识库，而是由存储和管理该知识库的整个系统组成，更有效地实现包括典藏功能、加工功能、用户服务功能、传播功能与资源共享在内的全方位综合文化功能的服务体验。随着信息技术的不断进步，数字图书馆的管理模式、载体及其具体服务模式、信息推广途径及交流途径都在发生着改变，互动性强的、配合性强的互联网服务也在不久的将来促进全新环境下的数字图书馆的形成。在媒体融合的大环境中，数字图书馆得到了很大的推动力，也遇到了来自现实环境的考验，如何实现稳定、效用性强以及集群协同的管理，创造和提供高素质的文化消费，实现科学包容和可持续的创新发展是数字图书馆在媒体融合背景下更加值得关注的发展方向。

一、数字图书馆概念

20世纪50年代起，随着互联网技术的兴起、发展和普及，数字图书馆应运而生。数字图书馆的形成经历了三个阶段：第一阶段始于20世纪60年代末、70年代初的图书馆自动化管理集成系统，以MARCII型的机读目录为标志；第二阶段始于20世纪80、90年代的电子文献的收集和服务，以CD-ROM光盘和局域网在图书馆的应用为主要标志；第三阶段始于20世纪90年代，数字图书馆形成。数字图书馆具有数字化和网络化的特征，以数字形式存储信息，依托网络信息技术存取提供信息，以其开放式的软、硬件集成平台把各种数字资源组织起来，在网络上主动地、高层次地、不受时空限制地提供信息服务，实现了从面向资源的信息服务到以用户为中心的信息服务。

（一）最早关于数字图书馆的描述

现今公认的最早的关于数字图书馆的描述是范内瓦·布什于1945年在《大西洋月刊》所发表的《诚如所思》（*As We May Think*）中提到的麦克斯（Memex），这是一款扩展存储器。文中通过对麦克斯的功能性描述，反映了20世纪50年代人类对数字图书馆的理想设计。

从今天的角度来看麦克斯显得有些原始，并且从某些方面来看，还有些不尽合理之处，它是基于微缩胶片的，信息没有数字化。但是这款存储器的数据压缩、信息加工保存、快速检索、屏幕与键盘结合的操作形态等，对日后的计算机及数字图书馆的发展都起到了重要的指导作用，因此被认为是数字图书馆的最早理论描述。

（二）数字图书馆概念的相关叙述

随着信息技术的快速发展，人们对数字图书馆有了更为深入和广泛的认识与理解，并且由于出发点和落脚点的不同，对数字图书馆的定义形成了多种不同的说法，可以说是仁者见仁、智者见智。这里我们并不试图整合这些定义或明确支持其中的某一观点，而是摘录其中部分较有代表性的定义作为参考。

国际图书馆协会联合会关于数字图书馆的定义：数字图书馆是高质量数字化馆藏的在线汇集，依据国际普遍接受的馆藏发展原则制作、收藏和管理，以协调统一和可持续的方式开放馆藏，并辅以必要的服务，使读者能够借阅和使用其资源。

美国总统信息技术顾问委员会报告《数字图书馆：获取人类知识的通用途径》中对数字图书馆的描述：数字图书馆是获取人类知识的通用途径。所有公民在任何时间、任何地点都可以使用与互联网连接的数字设备，搜寻到所有人类知识。通过利用互联网，人们可以访问到由传统图书馆、博物馆、档案馆、大学院校、政府机构、专门组织，甚至世界各地的个人所创建的数字藏品。数字图书馆提供的是传统图书馆、博物馆、档案馆的馆藏资料的数字版本，其中包括文本、文件、视频、声音及图像。

美国数字图书馆联盟的定义：数字图书馆是一个拥有专业人员等相关资源的组织，该组织对数字式资源进行挑选、组织，并提供智能化存取、翻译、传播及保持其完整性和永存性等工作，从而使得这些数字式资源能够快速且经济地被特定的用户或群体利用。

康奈尔大学的某名誉教授在其专著《数字图书馆》中对数字图书馆的定义是：数字图书馆是具有服务功能的对整理过的信息的收藏，其中信息以数字化格式存储并可通过网络存取。该定义的关键在于信息是整理过的。

中国工程院院士高文对数字图书馆的定义：数字图书馆是以电子方式存储海量的多媒体信息并能对这些信息资源进行高效的操作，如插入、删除、修改、检索、提供访问接口的信息保护等。并且数字图书馆具有三个核心定位：应该是一个国家数字文化平台；还应该是一个国家数字教育平台；也是一个国家的数字资源。

美国研究图书馆协会归纳了流行的数字图书馆的定义中具有共性的五个要素：数字图书馆不是一个单一的实体；数字图书馆需要链接许多信息资源的技术；多个数字图书馆及信息机构之间的链接对最终用户透明；全球范围存取数字图书馆与信息服务是一个目标；数字图书馆的收藏并不局限于文献的数字化替代品，还扩展到不能以印刷形式表示或传播的数字化人造品。

（三）数字图书馆概念的理解

关于数字图书馆概念的理解，可以这样认为，数字图书馆是以信息化思路为核心建设理念、以数字化服务为主要手段的网络信息服务体。它诞生于工业社会向信息社会转型的时期，并将在信息社会中承担重要的信息和知识服务功能。

由于描述者角度、观点和方法的差异，对数字图书馆的定义也各有不同。有的倾向于将数字图书馆看作一个宏观的信息聚合和服务体，如美国总统信息技术顾问委员会的报告；有的倾向于将其看作一个具体的功能实体，如国际图书馆协会联合会的定义；而有的则更加明确地将其界定为现有服务体的延伸。

但是无论哪种描述，都明确地显示出数字图书馆绝不仅是传统图书馆的数字化，而是在新的时代、新的背景下，全新、信息化、数字化、网络化的知识管理和服务体系。不过，这种理念性的说明在现实中还是会遇到一些问题的。

首先，现代的图书馆工程建设中往往包含了大量的信息化建设工作，因此在建设方案中往往将图书馆建设与数字图书馆建设并提，最典型的就是国家图书馆二期工程和数字图书馆工程的建设。这就使得普通读者时常难以区分两者的关系与差别，因而常常认为数字图书馆是图书馆的一个功能组成，或者干脆将图书馆建筑信息化和业务流程的自动化看作数字图书馆。

其次，由图书馆建设的数字图书馆工程往往既包括馆内环境建设，又包括数字资源服务，还包括馆内传统业务信息化改造等工作；而由网络信息服务商（如谷歌等）建设的数字图书馆项目通常只有数字资源服务，而不存在场地和场馆信息化问题。即使都是数字资源服务，图书馆自主建设的数字图书馆和网络信息服务商提供的数字资源服务在服务内容、方式上也往往存在相当的差异。而这些都很难直接利用上述的数字图书馆的定义来区分。

数字图书馆的建设和发展本身就是一个循序渐进、逐步实现的过程，对于它的认识和理解也必然是一个逐步变化与完善的过程，并与当时社会经济环境、技术条件和人类认识水平直接相关。因此，在整个过程中就会出现一些阶段性的相关定义，如自动化图书馆、数字化图书馆以及最新的云图书馆等。

（四）与传统图书馆的差别

首先，数字图书馆的服务内容，也就是信息本身以及信息服务必须是数字化的，而不仅仅是传统纸质书籍和借还书业务。这就意味着数字资源的收集和整理将是数字图书馆一切活动的前提，而基于传统介质的业务数字化改造，如射频识别、自助借还书系统、网络订阅和催还等服务，虽然也是信息技术应用成果，但它们都不属于数字图书馆的业务范围。

其次，数字图书馆的建设和服务理念必须是以信息化思路为先导的，而不是试图将现有图书馆业务通过数字化形式来展现。虽然数字图书馆起源于人们对图书馆传统业务的改造，是图书馆在数字环境下的一种再现，但是数字世界有其自身的规律和特点，人们建设数字图书馆就要严格遵循信息时代的规则，而不能守旧于传统业务。如在数字服务中使用“册”数来约束用户并发数量，虽然看起来是版权问题，但实质是传统业务理念和业务思维的制约，与信息化的思路格格不入。

最后，在工业社会向信息社会转型过程中，数字图书馆也处在不断发展变化的状态中，并随着整个社会信息化的进步而进步。数字图书馆的建设离不开其所处的社会信息化背景，不可能超越这一时代环境，直接实现理论上理想的知识服务。这主要不是技术层面的问题，而是涉及整个社会经济生活与人们的行为和思维习惯的问题。

关于数字图书馆与传统图书馆的差异，还有一种更为简洁的观点，那就是“数字图书馆非图书馆”。根据这一观点，“数字图书馆”这一名称是由英文“Digital Library”直译而来的，其本意强调的是“Library”作为“库”的概念，而不是图书馆，只是由于人们已经习惯于将其翻译为数字图书馆而沿用至今。数字图书馆之所以被称为数字“图书馆”，更多的可能只是一种借用和比喻象征，它在存储知识、传播知识方面具有与传统图书馆类似的功能和作用，而并未确定其属于传统意义上的图书馆之列。

这一观点与前述内容中关于数字图书馆概念的理解在核心观点上并无本质差异，但是鉴于我国现阶段数字图书馆建设常常与传统图书馆高度结合的现状，我们并不刻意强调这种“馆”与“库”的名称差异，而更关注它们在具体发展和运行上的实际差异。

二、数字图书馆的特点及作用

（一）数字图书馆的特点

探讨数字图书馆的特点是为了更好地利用数字图书馆，当前数字图书馆在网络环境下呈现出六大特征：信息资源数字化、信息内容动态化、信息组织智能化、信息服务网络化、信息利用共享化、信息服务知识化。

1. 信息资源数字化

信息资源数字化是数字图书馆的内容特征。数字图书馆的本质特征是信息资源存储与传递的数字化。数字是信息的载体，信息依附于数字而存在，离开了数字化的信息资源，数字图书馆就成了无源之水、无本之木。因此，数字图书馆建设初期，主要任务是资源的数字化，只有有了充足的数字化资源，数字图书馆才有了根基，数字图书馆才能利用各种技术手段为用户提供服务。

2. 信息内容动态化

信息内容动态化是数字图书馆的形式特征。数字图书馆将图书、期刊、多媒体资料、数据库等各类信息载体在知识单元的基础上有机地组织并连接起来，以动态分布方式为用户提供服务。

3. 信息组织智能化

信息组织智能化是数字图书馆的结构特征。数字图书馆不仅组织和提供信息，还是一个促进信息传递、获取、交流的知识网络，能够提供附加值更高的知识以及知识导航服务。随着计算机技术和网络技术的发展，数字图书馆将不断向智能化方向发展。

4. 信息服务网络化

在信息资源数字化的基础上，数字图书馆需要通过以网络为主的信息基础设施来实现，其服务范围是传统图书馆无法比拟的。计算机网络把分散在各地的网络资源有效地连接起来，通过网络进行分布式的管理和存取，使用户能够在网络到达的任何地方，不受时间、地点的约束，自由而便捷地利用多种方式获取自己所需的信息。网络化技术的发展为数字图书馆无缝服务提供了便捷，数字图书馆可以在任何时间、任何地点，为任何人提供所需要的服务。

5. 信息利用共享化

在数字化和网络化的基础上，数字图书馆的信息利用既体现出跨地域、跨行业的资源无限与服务无限的特征，又体现出跨地域、跨国界的资源共建的协作化与资源共享的便捷性特征。信息传递的网络化，使得众多的数字图书馆能够借助网络获取各类数字信息，以满足用户日益增长的信息需求。就技术上而言，世界各地的人们都可以通过互联网访问任何一个数字图书馆，对其信息资源进行权限内的自由使用。这种使用不受地理位置和时间的限制，使数字图书馆真正实现了信息资源在全球范围内的充分共享。

6. 信息服务知识化

知识服务以互联网信息搜索查询为基础，为用户提供有用的信息和知识。一般来说，知识服务可以提供新闻摘要、问答式检索、论坛服务、博客搜索、网站排名、情感计算、倾向性分析、热点发现、聚类搜索、信息分类等服务。知识服务与知识管理等概念的提出同技术的发展密切相关，其内涵在不断发展变化之中。张晓林对知识服务进行了总结，认为知识服务首先是一种观念，一种认识和组织服务的观念。从观念上看，知识服务之所以不同于传统的信息服务，主要表现在以下几个方面。

①知识服务是用户目标驱动的服务，它关注的焦点和最后的评价不是“我是否提供了您需要的信息”，而是“通过我的服务是否解决了您的问题”。传统的信息服务基点、重点和终点则是信息资源的获取。

②知识服务是面向知识内容的服务，它非常重视用户需求分析，根据问题和问题环境确定用户需求，通过信息的析取和重组来形成符合需要的知识产品，并能够对知识产品的质量进行评价，因此又称为基于逻辑获取的服务。传统信息服务则是基于用户简单提问和文献物理获取的服务。

③知识服务是面向解决方案的服务，它关心并致力于帮助用户找到或形成解决方案，因为信息和知识的作用主要体现在对解决方案的贡献上。解决方案的形成过程，又是一个对信息和知识不断查询、分析、组织的过程，因为知识服务将围绕解决方案的形成和完善而展开，与此对应的传统信息服务则满足于具体信息、数据或文献的提供。

④知识服务是贯穿于为用户解决问题的服务，是贯穿于用户进行知识捕获、分析、重组、应用过程的服务，而不是传统的基于固有过程或固有内容的信息服务，根据用户的要求来动态和连续地组织服务。

⑤知识服务是面向增值服务的服务，它关注和强调利用自己独特的知识与能力，对现成文献进行加工从而形成新的具有独特价值的信息产品，为用户解决其他知识和能力所不能解决的问题。它希望使自己的产品或服务成为用户认为的核心部分之一，通过知识和专业能力为用户创造价值，通过显著提高用户知识应用和知识创新效率来实现价值，通过直接介入用户过程的最可能部分和关键部分来提高价值，而不仅仅是基于资源占有、规模生产等来体现价值。

（二）数字图书馆的作用

信息技术、通信技术、网络技术等的发展推动了数字图书馆建设的迅速发展，数字图书馆建设对一个组织、一个国家，甚至全世界影响重大。数字图书馆的作用具体可以概括为以下几点。

1. 数字图书馆是一个数字资源中心

传统图书馆向数字图书馆转化的过程中，积累了大量的资源，为了能更好地保存资源、利用资源，资源的数字化是一种有效手段。经过多年的发展变化，日积月累，数字图书馆拥有了海量的数字资源，此类资源包括卫星、遥感、地理、地质、测绘、气象、海洋等科学技术数据和人口、经济等统计数据。数字图书馆的建设很大程度上是一个数字资源中心的建设。数字图书馆的资源主要来源于早期的纸质资源数字化。近几年随着网络技术的发展，电子出版物日益成为数字图书馆数字资源的主要来源。目前互联网也是数字图书馆数字资源一个庞大的来源地，通过对网络资源的加工整理，有越来越多的资源可供数字图书馆使用。

数字图书馆首先是资源的数字化，只有具备充足的数字化资源，才能通过网络为广大用户提供优质的信息服务与知识服务。

2. 数字图书馆是一个教育平台

在现代社会工作生活环境下，人们需要进行终身学习。但限于时间原因，每个人重新走进大学学习是不太现实的。网络化数字环境下，数字图书馆成为业余教育中心、在职教育中心，甚至趣味教育中心。人们在这里可以开展各种有益的学习与沟通交流，进行文化的、休闲的、娱乐的学习，能够丰富人们的生活，促进人们素养的提高，为整个人类发展做出贡献。

3. 数字图书馆是传承文化的平台

图书馆承担着保存和传承人类文明的重要职责，在人类社会数千年的历史发展进程中，图书馆随着社会的发展而发展。在我国，图书馆的发展已有百年历史，改革开放后，我国形成了相对完善的公共图书馆服务体系，为提升全民族素质、推动社会文明进步做出了重要贡献。

数字图书馆也是传承文化的平台，通过数字图书馆，各种文化在这里得以延伸，人们通过网络，就可以很方便地了解和学习各国文化历史；它也为各民族、各国家文化的继承与发扬提供了便捷的文化平台。这里所指的文化平台主要包括图书馆、博物馆、档案馆、大学、政府部门提供的各种文化资源。人们通过此平台可以便捷地获取有关历史文化知识，加深民族认同感。通过该平台可以向世界展示各自的经济文化各个方面的发展水平，为人类的文明进步和发展做出应有的贡献。

4. 数字图书馆是国家新信息基础设施的重要组成部分，成为国际高科技竞争中新的制高点

数字图书馆将是21世纪全球文化科技竞争的焦点之一。这种竞争既是科学技术的竞争，也是文化和意识形态的竞争，更是知识经济时代的市场竞争。由于美国以信息产业带动经济高速发展已成为不争的事实，因此各主要发达国家及许多发展中国家也都纷纷制订自己的信息社会发展计划，以求在未来的竞争中立于不败之地。在网络时代，谁最先掌握了技术和资源库，谁就掌握了先机。

数字图书馆工程不仅是高科技项目，也是跨部门、跨行业的大文化工程，必须由政府出面来统一规划、组织和协调，并在资金和政策方面给予支持和保障。例如，在1995年的美国政府蓝皮书中数字图书馆被认定为“国家级挑战”，

被置于国家信息基础设施的高度上通盘考虑。这种政策上的倾斜，引起了美国科学界、产业界的高度重视，也带动了各种基金会在资金上的投入。

数字图书馆工程已经获得了可靠的技术保障和可观的效益前景。以美国为代表的数字图书馆的建立和运行，十分有效地获得了信息资源的增值效益，在资源建设和知识创新方面取得了明显的进展。同时，这些国家也明确了数字图书馆的基本构造、技术手段和运行方式，开发了相关技术和设备，并取得了十分宝贵的工程经验。

不仅要开发数字图书馆，还要在此基础上，陆续把其他国家级的文化信息资源单位，如图书馆、档案馆、博物馆、文化艺术、音像影视、新闻出版、旅游、体育等有关单位的文化信息资源的精华，发展为数字式资源库，并用这些丰富的信息资源构成图书信息资源网，通过因特网向全球传播。

作为中华文明的发源地，中国并不一定理所当然地会成为全球最大的中文信息中心。建设中国数字图书馆工程，实际上也就是建设中文因特网。这对我们继承和弘扬中华文化，力争在未来的全球性竞争中取得主动权具有重要的社会和经济意义。目前，已经有一些国家和地区在关注中文因特网的建设。如果我们不牢牢抓住机遇，就势必要在中文信息方面失去主导地位，从而丧失巨大的社会和经济利益。

5. 数字图书馆是传统图书馆向现代化图书馆发展的必由之路

2011 年在贵阳的图书馆学年会上，国家图书馆馆长、中国图书馆学会名誉理事长周和平较好地诠释了数字图书馆发展的必由之路。他指出，自 20 世纪 90 年代以来，计算机技术、网络技术和信息处理技术迅猛发展，深刻地改变了人们的学习方式、工作方式、生活方式和思维方式。20 世纪 70 年代，第一台个人计算机出现。此后，计算机性能不断提高，迅速普及。与此同时，互联网开始进入人们的生活，1994 年中国正式接入国际互联网，网络作为一种新的信息交流和通信工具，成为人们获取信息的重要来源。信息处理技术和多媒体技术飞速发展，并得到广泛应用，越来越多的文字、图片、声音、影像资料以数字形式出现，成为影响社会发展的重要力量。

越来越多的国家认识到信息对于提高国际竞争力，增强综合国力的重要性，相继提出了“信息高速公路”计划，建立信息网络，支持国家创新与经济社会发展，使人类社会快步进入一个前所未有的信息化社会。在此背景下，数字图书馆作为网络环境下的一种新的信息资源组织与服务形式应运而生。数字图书馆是网络环境和数字环境下图书馆新的发展形态，它利用现代信息技术，对海量、分布、异构的数字资源进行整合，形成有序的整体，通过各种媒体提供友好、高效的服务，使人们随时随地获取知识和信息。数字图书馆具有以下几个显著特点：海量的资源规模；有序的资源内容；基于多种媒体的服务；高度共享的平台。

正因为具有上述特点，数字图书馆作为图书馆发展的新形态，是图书馆在网络环境与数字环境下的必然选择和必由之路，其迅猛发展为传统图书馆提供了新的发展机遇和广阔的发展空间，大大提升了传统图书馆的服务能力，拓展了服务范围，丰富了服务手段，由此深刻地改变着人们的学习习惯和获取知识的方式，越来越受到世界各国的普遍关注和社会公众的广泛欢迎。

6. 数字图书馆能加快全球信息化进程，实现知识共享，缩小“数字鸿沟”

“数字鸿沟”又称为“信息鸿沟”，本意是数字差距或者数字分裂。联合国开发计划署的顾问丹尼斯（Dannisi）指出，“数字鸿沟”实际上表现为一种创造财富能力的差距。

一些学者也认为，“数字鸿沟”应当被称为“知识鸿沟”或者“教育鸿沟”。在互联网时代，个人计算机的主要用途已经由计算转化为信息搜索、信息交换和信息处理了。“知识鸿沟”，就是一方面闲置着大量的劳动力；另一方面这些劳动力却因为知识储备不足而无法被吸收到最具价值创造潜力的、占国民经济总额高于 70% 的经济过程中去，从而不得不拥挤在只占国民经济价值总额 30% 以下的传统农业和工业部门内。

“数字鸿沟”实际上是一种创造财富能力的差距。我国如何抓住机会实施方法得当的技术融入，跳过这一差距，直接进入信息技术和电子商务领域，是摆在我们面前的重要问题。

在数字时代，计算机与互联网是日常生活中最重要的部分，图书馆特别是公共图书馆为公众开启了一扇通往全球信息的门，将全世界的信息带到每个社区，使所有社区成员都能获取电子资源并发展其技能，使之参与到全球经济活动中来，这是图书馆对社区乃至国家的主要贡献。

正因为数字图书馆对社会的影响巨大，各个国家、各个组织都在加紧实施数字图书馆工程项目，希望借此来加速信息、知识的共享，实现经济的新一轮发展。

第二节　数字图书馆资源建设的现状

数字图书馆是时代发展的必然趋势，而数字图书馆资源建设是数字图书馆建设的核心。数字图书馆资源建设的根本目的在于能够利用网络技术，突破时间、空间、馆藏的限制，为读者提供更方便、快捷的网络信息服务。目前我国数字图书馆资源的建设已取得了阶段性成果，但在充分利用方面还亟待加强。

一、数字图书馆资源类型

媒体融合背景下，数字图书馆所拥有的数字资源种类和数量众多，这些数字资源从形式、结构和用途等方面来看是多种多样且复杂多变的。本节根据学者关于数字图书馆大数据的分类，将数字图书馆资源类型从结构形式上分为结构化、半结构化和非结构化进行阐述。

结构化数据是指固定的字段驻留在一个记录或文件内，它事先被人为组织过，依赖于一种确保数据如何存储处理和访问的模型。结构化查询语言通常应用于管理在数据库的结构化数据列表。非结构化数据指的是没有一种预定义的数据模型或者不是以一种事先已经定义好的方式进行组织的数据结构。半结构化数据是结构化和非结构化之间的数据结构，它是结构化数据但不适合正式的关系数据库模型或其他序列来源。对于数字图书馆资源建设来说，弄清楚每种数字资源是结构化的、半结构化的或者非结构化的是十分有必要的。下面着重介绍数字图书馆结构化数字资源和非结构化数字资源。

（一）数字图书馆结构化数字资源

数字图书馆结构化数字资源主要是指电子图书、电子期刊、电子报纸等电子资源（各种电子出版物）和传统文献数字化资源，以及购买的各种类型的数据库资源。具体包括各类电子资源、各类型书目信息资源、核心学术研究资源、辅助学术研究资源和特色馆藏数字资源等。

1. 各类电子资源

随着缩微存储技术、磁性载体的出现和发展，计算机在信息存储领域的广泛应用，各种类型的数字化载体（电子资源）被图书馆大量收藏，并对这类信息资源专门加以组织，并配置以相应的设备供用户检索、阅读和利用。

2. 各类型书目信息资源

各类型书目信息资源涵盖了书目数据、电子书目数据、期刊目录数据、电子期刊目录数据以及数据库条目录数据等数据类型。可以说记录各类型书目信息的数据基本上都是每个数字图书馆日常流通运营中最基本和必备的那些数据。书目信息资源全部是结构化的，产生源单一，增长速度比较有限。在数据的存储方式上，记录各类型书目信息的数据都是本地存储（其中例外的是数据库条目数据有可能是异地存储）的，在数字图书馆大数据保存价值方面，书目数据可以说是描述图书馆馆藏状况的一个重要指标。在大数据挖掘的难易程度上，由于书目数据数据量相对较小，加上都是结构化数据，因此容易进行数据挖掘，并且便于管理。

3. 核心学术研究资源

核心学术研究资源，涵盖了学术文献摘要数据、学术文献全文数据和学术文献数据库数据。由于核心学术研究资源在数字图书馆中是原始数据，因此核心学术研究文献资源数据量很大，当前数字图书馆对这部分资源的投入比重最大，致其增长速度也极快。核心学术研究资源主要是数目众多的实体出版商和各大中外文文献数据库。核心学术研究资源数据一般都是数据库数据，因此其资源结构通常都是结构化的，从保存价值上看，核心学术研究资源对数字图书馆的保存价值是无可替代的。核心学术研究资源通常保存在数据提供商的服务器中，是异地保存。由于是数据库数据，所以数据挖掘和管理相对方便。

4. 辅助学术研究资源

辅助学术研究资源，包含免费数据、办公自动化数据、自建文献数据、共建共享文献数据以及特藏文献数据等数据资源。辅助学术研究资源相比于核心学术研究资源，它的主要特点是数据更分散，数据结构更多样化、复杂化，数据的来源也很丰富，如来源于办公自动化共享网站、数字图书馆自建的网站、区域文献资源共建共享项目等。最为主要的是辅助学术研究资源数据在数字图书馆中的利用率与其他资源利用率相比要低得多，但是像共建共享文献数据、办公自动化数据、自建文献数据都是今后数字图书馆着力发展的方向。

5. 特色馆藏数字资源

特色馆藏数字资源，指的是在每一个数字图书馆中属于本馆特有的、无法通过购买或者网络来源替代的数据资源。正由于数字图书馆特色馆藏资源对于每个数字图书馆独一无二、无可替代的特性，随着数字图书馆的发展和建设，这部分特色资源变得更加珍贵和重要。特色馆藏数字资源包括了非物质文化数据、特色馆藏数据以及交流数据等，其中交流数据又可以细分为文献交流数据、技术交流数据、信息交流数据等。目前许多数字图书馆对本馆的特色资源重视程度和资源投入都是相当大的，像很多大型图书馆的特色数据数据量上都已达到了T级别，并且增长速度很快。特色数据产生源较广，由于特色数据的形式多种多样，有纸质文献、电子文献甚至还有实物藏品等，所以特色馆藏资源的数字化工作也是摆在图书馆工作者面前的一个问题。数字图书馆特色馆藏资源通常都是在图书馆本地保存。由于特色馆藏数字资源的特性，它们一旦被损坏或者丢失将会造成无法通过其他途径或其他机构恢复的局面，因此这部分资源的备份工作是必不可少的。

（二）数字图书馆非结构化数字资源

数字图书馆非结构化数字资源主要是指音频影视资源、用户学习资源、记录数字图书馆信息资源建设与利用情况的大数据等。

1. 音频影视资源

数字图书馆音频影视资源，包括馆藏图片数据、馆藏影视数据、馆藏录音数据、馆藏摄影数据等资源。由于当今多媒体技术的飞跃发展和需求的急剧增加，数字图书馆音频影视资源的增长速度飞快，其产生源繁杂，数据结构是非结构化的。在数据存储地点上，可以是本地保存，也可以是异地保存。对数字图书馆来说，数字图书馆音频影视资源的保存价值有待于在今后的研究和实践中进一步探讨。由于数字图书馆音频影视资源的特殊性和当前相关音频影视数据处理技术的瓶颈，数据挖掘难度较大。

2. 用户学习资源

随着互联网多媒体技术的发展和应用，数字图书馆的服务内容更加多样化，这其中为新时代数字图书馆用户提供自我教育的资源支持和信息服务在目前数字图书馆的日常业务方面占据了一席之地。数字图书馆用户学习资源包括读者入馆培训资源、各种课件资源、不同数据库使用指南、收录的随书光盘资源和当前热门的慕课资源等。这一部分数字资源，在数字图书馆中增长很快，产生来源相当广泛，数据结构上以非结构化为主。数据存储地点既有图书馆本地保存又有异地保存，进行数据挖掘受制于其非结构化的数据结构，数据管理难度较大。

3. 记录数字图书馆信息资源建设与利用情况的大数据

记录数字图书馆信息资源建设与利用情况的大数据，在目前图书馆中有着非常最重要的地位。它是描述数字图书馆资源建设和利用情况的数据，具体包括各种检索发现系统、文献传递情况、文献借阅情况、文献阅览情况、文献被引用情况、纸质文献采购情况、数字文献资源采购情况等数据。从数据量上看，记录数字图书馆信息资源建设与利用情况的大数据数据量较大，其结构既存在结构化数据也存在非结构化数据，数据产生源比较多而且复杂，数据的增长速度很快；数据存储方面，它既有在图书馆本地保存的部分，也有异地保存的部分；在保存价值上，由于对记录数字图书馆信息资源建设和利用情况的大数据进行大数据挖掘会得到非常有价值的决策支持信息，因此它的保存价值很高。但是同时值得注意的是因为记录数字图书馆信息资源建设与利用情况的大数据的数据量较大、结构复杂，因此数据挖掘和日常管理有一定的难度。

二、数字图书馆资源建设的特征及内容

数字图书馆资源建设是指有规划地、系统地选择、收集、组织、管理数字图书馆所需要的各种元素（包括信息、条件、环境等），建立具有特定功能的资源共享体系的全部过程和所有活动；它也是人力资源建设、财力资源建设、物质资源建设、知识资源建设、信息资源建设、组织资源建设、环境资源建设等的系统集合体，如图 6-1 所示。

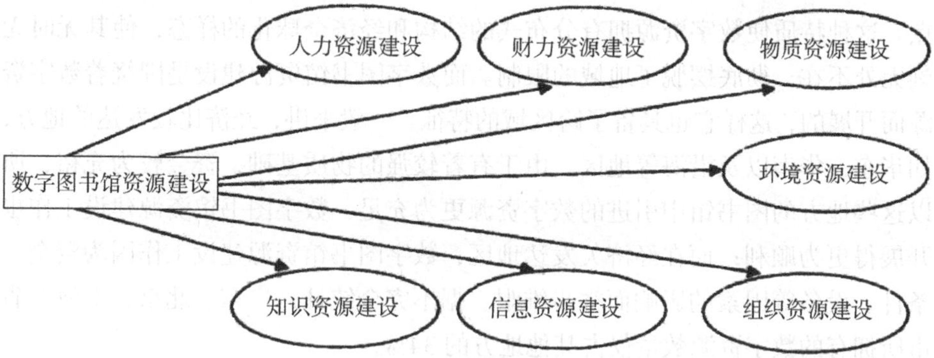

图 6-1　数字图书馆资源建设体系

（一）数字图书馆资源建设的主要特征

1. 全面性

因为数字资源的传播范围广，类型也非常多，包含电子书、数据库、超文本文件、多媒体资料等，所以数字图书馆资源建设的覆盖面很广，基本上所有数字图书馆能够提供的资源都包含了几乎所有的数字资源。举例来说，全文数据库在数字图书馆资源建设中的引入量是最多的，因其内容较全面，涉及政治法律、文化教育、历史地理、医药卫生、工业技术、农林科学、交通运输、航

空航天等各个领域，正成为时下人们应用最广、检索频率最高、使用效果最佳的数字资源类型。据一项不完全统计数据，全文数据库在数字图书馆资源建设中所占的比例已超过 90%。

2. 应变性

为了迎合现代图书馆发展的需要，保障目标用户群获得真正的“核心利益”，数字图书馆资源建设会根据实时需求以及人力、财力、物质、环境的发展变化不断汲取新知识、新理念、新方法，及时更新数据库，补充数字资源内容。换句话说，数字图书馆在决定采用何种具体服务方式时，必须适应用户的需求特点，这也就使得数字图书馆资源建设工作具有应变特质。例如，江西省图书馆在 2011 年底开通了全省首家移动数字图书馆，读者可以通过各种移动终端设备，随时随地免费享受电子图书、报纸全文、论文资料等信息资源。这也是图书馆向公众提供多样服务、多种形态资源的有效延伸，也是将数字阅读进一步深化为移动阅读的实践探索。

3. 地域性

数字资源是一种数据信息资源，它具有无序性、非对称性、不均衡性等特点。这种特质使数字资源拥有分布式的结构和经济全球化的样态，使其无时无刻无处不在，彻底摆脱了地域的限制。而数字图书馆资源建设是围绕着数字资源而开展的，这样它也具备了跨区域的特征。一般来讲，经济比较发达的地方，如华东、华南以及沿海等地区，由于有着较强的物质基础，资金较为充裕，所以这些地方的图书馆中引进的数字资源更为充足，数字图书馆资源建设工作也开展得更为顺利；而在经济欠发达地区，数字图书馆资源建设工作因为资金、条件、设备等因素的影响而举步维艰。据不完全统计，广东、北京、上海三省市所拥有的数字资源数量仅占其他地方的 34%。

（二）数字图书馆资源建设的主要内容

1. 自建特色资源

高校图书馆由于学科建设侧重点不同，所处地域不同，对特色资源的建设也不一样。高校图书馆为了满足教学与科研人员在教学和科研工作中的需要，大多数都建立了自己的特色数据库。如上海交通大学数字图书馆自建了“上海交通大学学位论文数据库”；湖南大学数字图书馆自建了“金融文献数据库”等，对富有特色的文献进行收集、分析、评价、处理、储存，以满足用户的个性化文献信息需求。高校图书馆如何构建自己独具特色的文献信息资源数据库，如何构建能反映高校学科重点和图书馆特色馆藏的特色资源数据库已成了当前高校数字图书馆建设的首要任务。

2. 引进特色资源

目前，图书馆数字资源主要包括电子期刊和电子图书。电子期刊在形形色色的电子出版物中是发展最快的。电子期刊在形式和内容上与印刷版相差甚远。电子期刊大致分为五种类型：联机服务型、CD-ROM 型、过渡型、超量型、网络型。而电子图书的出现较电子期刊要晚，种类也比较少，有 CD-ROM 型、网络型和 E-Book 型三种形式。对此，高校图书馆应当有选择、有计划地引进高质量的中文与外文数据库，使之尽量做到中外文书目、文摘等二次文献数据库覆盖本校所有学科与专业，力求做到重点学科专业全部购买，兼顾其他专业，扩大合作范围。例如，清华大学图书馆引进的中文数据库有“中文科技期刊库(全文版)”“万方数据资源系统”以及各种电子期刊库，包括中国科学杂志社电子期刊库、中国期刊网、维普中文科技期刊库等，各种电子图书包括超星电子图书、书生之家等。

3. 建立学科导航系统

为了满足用户信息需求，方便用户快速查询和利用网络文献信息资源，数字图书馆应建立多层次、全方位、有序化的相关文献信息资源导航系统，提供权威可靠的学科导航系统。导航系统可以由高校科研机构或商业公司独立完成，也可以由某一机构发起并由多个单位共同参与完成。

4. 采集整理和存储网络信息资源

网络上的信息浩如烟海，其表现形式多样，有文本、图像、表格、声音、超文本等；信息层次多，包括一次文献、二次文献、三次文献；信息更新及时。但是，迅速无限增长的信息是杂乱无序的，无序的信息难以有效地利用，我们可以采用虚拟图书馆技术采集、整理网络信息资源。虚拟图书馆是对网上某一主题或类型的信息进行搜索、分类、整理，把分布在世界各地的数以万计的 www 服务器上的资源组织起来，建立资源链接中心。首先由专业的图书情报人员对网上的信息资源反复鉴别、筛选，制定明确的选择标准，优先选择信息来源可靠、稳定、参考价值高的网站或网页。其次由采访人员充分熟练地运用各种搜索引擎，掌握网站和网页评估技术，长期跟踪，定期调整。在信息组织上采用元数据等数字信息标引技术和图书情报的分类、主题组织方法，按照一定的检索语言抽取检索词，对每个专业站点做内容简介，对主题相关的站点和数据库进行归集，制作统一的检索界面，提供各种使用帮助和用户培训等。

5. 数字化资源建设中的知识产权保护问题

作品的数字化是把作品的文字、数值、图形、图像、声音等信息输入计算机系统并转换成由 0 和 1 组成的二进制数字编码，在这个基础上对作品进行进一步的加工、存储和传输，并在需要时把这些数字化信息还原成文字、图像、声音等。作品数字化是作品在网上传播的先决条件。1996 年 5 月，在国家版权局和世界知识产权组织召开的"数字技术版权保护研讨会"上，专家们一致认为作品数字化是一种复制行为。由此，数字化权应当归属为复制权，复制权是著作权法中作者的重要经济权利之一，是作者实现其广泛的著作权各项权能的主要前提条件，作者有权许可他人以复制方式使用作品并由此获得报酬。

对于馆藏资源数字化的版权问题，有两种情形：一种是古籍中的孤本、珍本等馆内独有的资源，一般均因作品已进入公用领域而无侵犯著作权之嫌疑，可优先数字化和上网，这也避免了重复投资和重复劳动；另一种是尚未进入公用领域、享有著作权的作品，就不可随意数字化和上载，这将涉及著作权人专有的复制权问题，必须经过授权才行。

6. 数据库管理开发的知识产权

数据库开发是数字化资源建设的重要内容，它主要通过图书馆工作人员独立开发和购买他人的数据库来实现。数据库作为编辑作品能否获得版权保护，其评价标准有"辛勤采集原则"和"原创性原则"。"辛勤采集原则"又称"额头出汗原则"，是指在数据库开发过程中，只要开发者在材料的收集、选择和组织方面付出了辛勤的劳动，投入了一定的经费和时间，使用了一定的技术手段，则该作品就可以享受知识产权；"原创性原则"强调数据库必须是开发者自己的智力创造物，即要求作品在资料的选择和编排方面体现独创性，才能受知识产权法保护。

7. 数字图书馆信息功能建设中的知识产权问题

虚拟图书馆是数字化资源建设的主要内容之一，图书馆通过对网络信息资源的整理，扩大自己的数字化资源，借助通信网络使读者可以利用本馆以外的网络信息资源，这种资源即"虚拟"馆藏。目前，图书馆进行的虚拟馆藏建设，主要采用两种方式。一是下载粘贴，即搜索有关信息并下载，分类整理，粘贴在同一页面上，提供给读者阅览。很显然，在未经许可的情况下，它侵犯了复制权。二是做超文本链接，即将存在于不同服务器（不同网址）上的文件在本网页上做链接，以方便地通过点击找寻该文件。开发者不需要被链者的技术配合便可完成链接过程，链接作业可以不在开发者的服务器上产生任何复制品。

以目前大多数人的认识而论，一般的超文本链接无侵犯复制权之嫌。但是，对于跳过主页直接将读者引导到某个分页的深度链接和采用窗框手段将某一对象链接至链接者的页面的某一部分，不少人认为属侵权行为。

三、数字图书馆资源建设面临的难题

（一）政策支撑不够，资金持续投入不足

数字图书馆资源建设是一个系统工程，软硬件的升级、数据库的更新、设备的维护、人员的培训、数字资源的开发利用等都需要充足的资金。但就现在数字图书馆资源建设的发展状况来看，大部分图书馆因为经费缺乏持续投入，资源建设还是停留在原先的数据库建设方面，而特色数据库开发、馆藏资源利用、国外大型数据库引进等工作基本处于停滞不前的状态。所以说，资金持续投入不足已成为数字图书馆资源建设发展的瓶颈。

新媒体背景下，虽然国家在经费投入方面不断增大，仅我国大陆地区，各级财政每年对图书馆行业的投入就已达到300亿元，但是随着人们对知识产权的保护意识不断增强，各类数据库价格持续上涨，资源购置方面消耗很大一部分经费，同时设备购买、人员薪酬和培训等费用也日益增多，数字图书馆资源建设所需要的资金依靠现有的经费投入根本无力支撑，一些发达国家的数字图书馆即便受到极大重视和庞大的财政支持，也还是缺乏资金转换巨大馆藏。

（二）人员结构老化，综合素质不高

目前，有很多图书馆从业人员年龄结构老化，知识储备和信息素质不太适合数字图书馆资源建设的要求。一部分图书馆馆员观念老旧，简单地认为数字图书馆资源建设就是将传统图书馆数字化，对数字图书馆理解不深，只限于表面和具体操作，还有一些管理层的思路存在很大的局限性，在数字图书馆资源建设过程中过于追求全面，一旦后续费用支持不力，就会造成前期资源投资的浪费。

（三）统筹规划薄弱，地区发展不均衡

数字图书馆资源建设过程中共建共享、分工协作等方面做得还不够，全局性的统一规划不足、合作不够深入，造成了资源经费的浪费以及重复建设的现象，阻碍了数字图书馆的健康发展。另外，经济发展的不均衡也造成了数字图书馆资源建设的不均衡，东西部地区、城市乡村的信息资源分布极不平衡，如何消除它们之间的“数字鸿沟”是现如今面临的一大重要难题。

（四）自建特色资源库偏少

虽说目前图书馆的数据库建设发展迅速，但其中特色资源库的占有量并不是很高。例如，在湖南省59所高等院校图书馆中，只有16所高校图书馆自建了特色数据库资源，而且所建立的16个数据库中，只有吉首大学、湘潭大学、中南大学、湖南大学、湖南农业大学、湖南中医药大学、湖南师范大学建立了能体现学校或馆藏特色的数据库；另外，省重点大学建立的专业特色数据库也较为丰富，普通本科院校次之，而高职高专院校的特色数字资源相对较少，34所高职高专院校，只有2所学校建立了3个特色数据库。由此可见，很多图书馆还没有意识到发掘具有地方特色、行业特色、学科特色资源，建立特色资源库的重要性；另外，特色资源库的建设状况又因设施环境、经济条件、研发水平、人才层次等不同因素的影响而呈现出明显的差异性。所以，在众多的图书馆中，真正能自己建立具有较高学术或研究价值的特色数据库少之又少。

（五）国内数据库容量较小

随着我国图书馆数字化进程的日益加快，数字图书馆资源建设的范围也变得越来越广泛。许多图书馆为了体现自身的特色，不仅努力开发馆藏文献数据库，逐步完善数字资源的整合力度，而且利用通信、电子、多媒体等技术手段实现在线链接的网络资源库，以此满足大众的数字化信息需求。但笔者发现，尽管人们对资源建设的热情和力度正在不断加强，可数据库的容量都相对较小。国内数据库的规模、数字资源建设的质量与国外相比还存在着不小的差距。例如，中国知网数字出版物平台收录了9000多种期刊，650所院校的博硕士学位论文，1500个学会的会议论文，3200种年鉴，3600种工具书（包含辞典、百科、图谱、工程技术手册等），全国专利、科技成果、国学宝典等数据库，总文献量3000余万篇。而美国的联机计算机图书馆中心（OCLC）则拥有300多种语言的书目数据4000万条，文献量5亿篇。

（六）个性化服务层次低

判断数字图书馆资源建设是否符合现代化标准，是否达到为目标用户群提供数字化服务的要求并不单单注重数据库的广度、数字资源的高度，更要考虑其服务深度。衡量数字图书馆服务价值的优劣，是由用户来决定的。所以，对于数字图书馆而言，提供个性化服务是当今时代发展的必然趋势。我国的数字图书馆资源建设所能提供给用户的个性化服务比较少，服务的层次相对较低，不能满足人们的多样化需求。笔者认为，个性化服务应根据不同的需求可分为形式服务、核心服务、期望服务和延伸服务等几个层次。当前很多图书馆数字资源的服务大都停留在前两个层次上，而无法满足用户的真正需要。

四、数字图书馆资源建设发展走向

数字图书馆资源建设是要达到对资源合理化分配、系统化调度的要求，逐步完善共享服务平台功能，不断增强用户与数字图书馆之间的立体化服务功能，从而达到为广大民众提供数字化信息服务的目的。

（一）坚持数字资源标准化建设

数字图书馆由于建设目的、资源特色、服务对象、运行方式不同，其采用的底层应用、操作平台、通信协议等也不尽相同，整个社会数字图书馆信息基础设施及服务资源呈现异构多样的局面，严重阻碍了数字资源的最大化利用。然而，现实异构数字图书馆拥有的大量丰富的信息资源，使得标准化建设不可能完全撇开现有的基础设施，而解决异构平台的兼容、现有系统的集成、网络复杂性应用等系统问题还需要设计更高层次的信息服务协议来达到上层与不同底层信息的交互，实现异构系统的互操作。可见，标准化和互操作在数字图书馆发展中互补并存。

（二）提高馆员素质，加强读者培训，充分利用数字资源

数字资源的建设还是在于利用，而图书馆馆员各项能力和读者信息素质的高低直接关系到数字资源被利用的程度。笔者认为，提高馆员素质，改变服务观念与模式，并培养出一个熟练应用数字资源的读者群体是数字资源建设的一个重要组成部分。图书馆馆员应创新服务模式，针对不同的数据库编写培训课件、制作帮助文档，为读者详尽介绍不同数据库的检索方法及浏览器的使用技巧以及一些特殊功能，使丰富的数字资源随时随地都能被读者充分利用。

第三节　数字图书馆资源建设的举措及路径

在信息化社会里，数字图书馆以其数字资源网络传递、利用共享等优势正越来越受到用户的欢迎，已成为传统图书馆发展演变为现代图书馆的必经之路。为了能够给读者提供更优质、更高效、更便捷的服务，各图书馆都在努力开展数字化建设，探索出适合自身发展的数字图书馆资源服务建设新思路、新方法，但是从现实工作中存在的资金持续投入不足、自建特色资源库偏少、个性化服务层次低等问题来看，数字图书馆资源建设工作任重而道远，所以说，需要从

建立高水准的专业数字资源库，采用更为合理的模式搭建数字资源共享平台从而致力于推广个性化服务等方面，建设更系统、更科学的数字图书馆。

一、数字图书馆资源建设的举措

（一）建立专业数字资源库，加强信息资源建设

虽然现在大多数图书馆都配备了各式各样的综合数据库，但随着人们对某一科、某一专题的信息需求的增加，建立一个高水平、高质量的专业数字资源库尤为必要。因为非专业的数字资源库对数字图书馆资源的利用非常不利，不仅效率低，而且浪费图书馆的资金和开展服务的精力；而专业数字资源库是各图书馆在数字化服务中提供的所有特色资源的信息总汇，也是数字图书馆针对目标用户需求在电子网络环境下建立起来的一种可共享的文献资料库。同时专业数字资源库也是数字图书馆资源建设的重要组成部分，它能够丰富图书馆的网上信息资源内容，带动数字图书馆服务能力的提升，扩大其社会影响力，因此，专业数字资源库建设是用户实现数字资源最大化效用的有效方式，也是今后数字图书馆在信息社会中增强竞争力的必由之路。

人类从事任何事务或活动，都离不开信息，更离不开收集整理、加工传递、管理利用的劳动过程。数字图书馆信息资源，一是指与从事各项数字图书馆活动有关的各种文字、数字、音像、图表、语言等一切信息的总称；二是指数字图书馆主体利用现代技术手段已收入或是可收入收藏内容等的所有信息。数字图书馆信息资源是数字图书馆履行促进知识融合、资源共享、强化协作等工作职能的主要物质基础，也是数字图书馆建设和管理的基础内容之一。信息的动态更新、稀缺选择、时效共享等特性给人们提供了一种良好的使用工具，也促使人们对信息资源的需求更为迫切。为了更好地加强数字图书馆资源建设，可以从提高信息资源利用率、扩大信息资源传播途径、提供信息资源接收能力等方面入手，以确保信息资源的真实性、完整性、准确性、及时性和实用性。

（二）推广个性化服务，搭建数字资源共享平台

随着数字图书馆中网络通信技术应用的蓬勃兴起，过去那种被动的检索式“一站式”服务模式已经满足不了当前人们日渐增长的资源需求，特别是在数字化信息时代，提供个性化服务已成为科技飞速发展对数字图书馆资源建设的新要求。与此同时，数字图书馆资源建设也面临着要依据目标用户群的要求来定制或者进行延伸服务深层次研究的局面。例如，可以尝试把微博、微信、飞信、维客、脸书等个性化网络服务平台加载到数字图书馆资源建设当中，一方面对

于图书馆而言，可以扩大数字资源的传播领域，提高资源共享利用效率，不断拓展数字图书馆的服务范围；另一方面对于用户来讲，降低了检索和利用数字资源的难度，最大化满足自身需求。可以看出，在数字图书馆资源建设中尝试引入个性化服务，对于提升数字产品的核心竞争力，赢得良好的社会效益和经济效益都具有积极的推动作用。总之图书馆应积极致力于专业化、系统化体系的数字图书馆资源建设，完善并推广个性化服务方式，逐步将数字资源建设引向更高层次建设，以满足不同用户群的实时需求。

数字图书馆资源建设是需要足够的经费作为支撑保障的，一般来说，建立一个数字资源库需要几十万元甚至是上百万元的巨额投入。这种条件的限制，使得许多图书馆被迫放弃或是暂停数字资源的开发，这对于我国数字图书馆资源建设是非常不利的。所以必须搭建一个完善的数字资源共享平台来改变这种窘境。数字资源共享平台能够将不同种类的数字资源、不同形态的数据格式、不同模式的访问机制共存于同一界面，用户可以按照行业类别、文献来源、跨库检索等途径查找所需要的信息和数据。即使数字资源分布在异地图书馆或是国外数据库，也能通过平台共享其中的各种资源。换言之，有了数字资源共享平台，不但能丰富目标用户群可利用的资源种类，保证数字图书馆资源得以充分利用，而且对于那些没有完全建好或是在建数字资源的图书馆来讲，既可节省一大笔资金，又能获取其他方面的数字资源。不难看出，数字资源共享平台是实现数字图书馆之间信息互通和资源共享的有效方法之一，也是解决当前数字资源建设经费不足的最佳选择。

（三）加强数字图书馆物质资源及环境资源建设

数字图书馆物质资源，主要是指开展数字图书馆所需要的物质要素及其来源的系统集成，它是进行数字图书馆资源建设的物质基础。例如，数字图书馆主体所拥有或能支配的财产、计算机、网络终端设备、办公用品、图书、资料、文件等有形的物质要素。没有数字图书馆物质资源，数字图书馆资源建设的正常工作就无法开展。数字图书馆物质资源建设，不能盲目、被动地顺应科技水平的发展要求，而应根据图书馆当前和长远建设数字图书馆的需要，进行专业、科学、合理的配置，开源节流避免重复建设，利用有限的资金用于采购更经济、更实用、更有效的物质资源。同时，购置的物质资源也应注意其实际操作性、方便灵活性、技术含量性，不能一味地注重样式新颖、高端先进、厂家宣传等，要结合数字图书馆资源建设工作和规划，朝着有利于数字图书馆快速、健康发展的目标实现的方向而开展各项工作。

数字图书馆环境资源，是指围绕数字图书馆主体并对数字图书馆活动产生某些影响的所有外界因素客体。通常，它是数字图书馆活动所处的场所、情景、氛围、条件等及其来源的系统集成。例如，数字图书馆活动所处的社会环境、文化环境、自然环境、经济环境等，以及社会制度、组织关系、法规政策等方面的因素。数字图书馆环境资源是数字图书馆资源建设中的一个重要内容，它直接关系到数字图书馆的功效能否充分发挥。随着时代的发展，社会的进步，数字图书馆不应该只是提供下载、开展阅读、收藏资源的场所，而是要根据自身的发展需求来配置适宜的环境资源来满足人们对图书馆提出的更多功能要求，如展示动画、互动交流、文体娱乐等功能，而从目前公共图书馆、高校图书馆的现状看，如馆址、阅览室、资金、设备等最基本的环境资源，有时都无法满足这些功能的发挥。所以说，加强数字图书馆环境资源建设，已是图书馆自身发展的必然要求和当务之急。

二、数字图书馆资源建设的路径

（一）全局统一整合，资源共建共享

数字图书馆资源整合不到位的最大原因就是没有建立统一的规范。数字图书馆资源建设和整合过程应该把握整体性、系统性和协调性的原则，与实体图书馆资源有机融合，共建共享、优势补充、互相推动，遵循标准化原则，建立起一个统一并且有明确重点的资源体系，具体措施如下。①建立数据和资源收集、存储的统一规范。例如，根据文本形式、多媒体信息等不同的数据类型进行编码、收集和存储。②制定资源分类、索引和检索的统一标准。例如，研究包括图像检索、语音检索、多语言检索、音频检索、视频检索等多种先进智能的检索技术。③建立数字图书馆运行环境和资质管理的规范性指标。例如，对文件加密、防火墙设置等建立规范性指标。④将特色资源进行整合。数字图书馆资源建设中不能一味地图多图全，而是要形成自己的特色，如对于高校的特色学科，可以多搜集学科资源以及网络的免费资源，进行调研整合，建立具有特色的数字信息资源库。

针对资源重复建设的问题，图书馆之间应该加强资源共建共享，达到双赢的目的，具体措施如下。①拓展不同的合作形式和合作领域。这主要包括以下几种：一是区域性合作，如某些同一区域的图书馆可以由一家单位牵头联合出资引进数据库资源，这样就避免了单一购买造成的资金浪费；二是行业性合作，即同一行业的不同单位的图书馆联合订购引进一些行业相关数据资源；三是系

统性合作，这种方式范围较大，通过签订合同协议的方式明确权责关系，确保资源的合法共享，多方共赢。②拓展不同的合作方式。如联合采购、联合存储，即不同图书馆划分不同的资源建设任务，利用新媒体环境下的先进互联网技术统一联机编目，共同建立起一个合理共享的资源存储体系，不但给图书馆减轻了经济负担，也可以给用户提供更多的资源。

（二）优化门户网站，改善用户体验

优化网站的结构性能，主要包括以下几点。①主页简洁美观易于查找信息。一个赏心悦目的主页能够带来良好的用户体验，并且能保持长期的吸引力。②整合完善网站结构。例如，增加栏目分类，可以让用户在很短时间内就能找到自己所需要的信息。另外，可以增加服务指南，这种指南可以是文字版的，也可以做成动画，用简洁明了的方式使用户快速了解数字图书馆操作方法。同时，服务指南也可以包括一些咨询服务和培训等信息。③搭建交流互动平台。这种平台不仅限于图书馆和用户的交流，也包含用户和用户的交流，这有利于数字图书馆进一步明确用户需求并及时予以改进。在新媒体环境下，数字图书馆和用户不再是单纯的主体和客体的关系，而是互为主体，数字图书馆在为用户提供资源的同时，也可以成为信息资源的受体，因此优化网站的性能结构可以使用户更加方便地使用和提供资源信息。④重视资源信息更新。网页信息更新能让用户及时接收到新资源的推送，促使用户得到最新最有效的资源。可以单独开辟信息更新模块，将最近入藏的重要资源和重要通知发布在该模块上，让用户一目了然。

除了网站结构性能的优化，改善用户体验的方法也有很多，在新媒体时代，人们越来越多地使用手机浏览信息，并且对资源的个性化需求也更为明显，针对这些特点可以采取以下方式进一步改善用户体验。①利用新媒体搭建平台为用户提供个性化服务。例如，根据用户的使用规律开发新算法，有针对性地为读者推送相关资源信息，或者针对不同读者呈现不同的个性化定制页面；改变以前以“数据资源为中心”的模式，转化为“以读者需求为中心”的个性化服务理念。②推进移动数字图书馆资源建设。开发移动客户端操作平台，利用微博、微信、手机应用为用户提供服务。丰富移动客户端功能，除了订阅、推送等服务以外，还可以整合分析客户需求，为后续实现更多的个性化服务奠定基础。

（三）加强人才建设，转变服务模式

人才、馆藏、影响力、读者群、自动化系统，共同组成了图书馆重要的知识资本，而人才是图书馆最重要的知识资本。人才资源是第一资源。数字图书

馆人才资源，是各类具有从事数字图书馆活动的管理型、知识型、技能型、经验型人才的系统集成，如进行数字图书馆资源建设的管理人才、产品开发人才、技术研发人才、网络维护人才以及知识创新人才等方面的人才资源。这些都是数字图书馆资源建设的基本组成要素，是数字图书馆的工作之本。现在，图书馆正处于传统图书馆与数字图书馆互补融合的新时期，随着新理念、新方法、新技术在图书馆的应用以及人们对信息需求量的日益增多，人才资源匮乏已成为制约数字图书馆发展的一个瓶颈。一方面只有拥有一批素质较高、能力较强、本事过硬的人才队伍，才能提升建设数字图书馆的工作效益；另一方面图书馆应实施人才兴馆的战略，确立以人为本、以人才为中心的全新管理观念，将本馆的人才资源视为兴馆的重要战略资源。由此可见，加强数字图书馆人才资源建设迫在眉睫。

在新媒体背景下建设数字图书馆资源，管理者和馆员都应该更新理念，加强学习，具有综合素养的专业人员正是在数字图书馆资源建设中必不可少的中坚力量。加强人才建设可以从以下几个方面推进。①加强人才引进，吸收新鲜血液。选拔一批高素质并且善于学习的数字图书馆资源建设的专业人员，为数字图书馆资源建设贡献力量。②加强人才培养和技能培训。研究制订人才培养计划、建立激励机制，加强宣传，对新媒体背景下的数字图书馆资源建设的新理念进行推广和普及，让数字图书馆的从业人员既是资源的建设者又是资源的享有者，这可以让数字图书馆的从业者在观念上树立一种“开放存取”的思维模式。

除了加强人才建设，对数字图书馆进行资源建设，还可以在转变服务模式上下功夫，主要包括以下几方面。①更新服务理念、拓展服务范围。在新媒体背景下，数字图书馆可以借助网络技术摆脱传统的服务限制，扩大服务范围，充分发挥技术优势，成为周边地区的文化服务中心和知识传输枢纽，最大限度地提高资源的建设和利用价值。②建立特色馆藏资源。由于资源呈爆炸式增长，因此在数字图书馆资源建设过程中不能一味地图多图全，要针对服务用户的集中需求和自身特长，集中精力建设特色馆藏资源，再由点及面，逐步扩大资源建设范围。③开辟赢利渠道，争取自我补给。虽然说图书馆追求的目标是公益的，但是仅靠财政拨款经费还是很紧张的，对资源建设不力。因此，为了更好地对数字图书馆进行资源建设，也应该适当地提供有偿服务，实现一部分的商业化运营，激发自身的造血功能。

第七章 图书馆特色资源建设

图书馆发展至今，已经带有强烈的信息化意味和社会化协作风格。它是一种比以往任何时代图书馆都更为开放、更有活力的时代产物。在这样一个释放束缚、彰显个性、追求特色的时代，以人为本的精神越来越明显地得以体现。为适应社会变革，图书馆应加快特色资源建设的步伐，不断推动特色资源建设的进程。本章着眼于图书馆特色资源的基础内容，从概念着手，明确图书馆特色资源的内涵和外延，了解其产生的原因与背景，使读者在整体上对图书馆特色资源建设有一个宏观的把握。

第一节 图书馆特色资源概况

现代科学技术对人类生活的影响波及各个领域，给图书馆带来了新的挑战和机遇，促使现代图书馆不断寻求发展和突破。在这一过程中，图书馆特色资源越来越受到人们的重视，努力建设好图书馆特色资源已经成为各图书馆默契达成的共识。

一、图书馆特色资源的概念

为了更好地推进图书馆特色资源建设，首要的便是了解图书馆特色资源的基本内容，掌握图书馆特色资源的基础知识。

（一）图书馆资源

在分析图书馆特色资源之前，首先需要了解图书馆资源的概念。它们两者之间既有联系又有区别，理解了图书馆资源的概念，将有助于对图书馆特色资源概念内涵的把握和对外延的界定。

1. 资源

在人类生产生活中，资源是与人类息息相关的要素之一。人们常常谈及森林资源、海洋资源、土地资源、石油资源等自然资源，也经常讨论人力资源、信息资源等社会人文资源。这些具体的资源内容都包含在资源的广阔外延之中。广义地说，所谓资源，是指一切可被人类开发和利用的物质、能量和信息的总称。或者说，资源是指自然界和人类社会中一种可以用以创造物质财富和精神财富的，并且具有一定量的积累的客观存在。

《辞海》对资源的解释是“资财的来源，一般指天然的财源”。

《现代汉语词典》（2016 年出版的第 7 版）对资源的解释是“生产资料或生活资料的来源，包括自然资源和社会资源”。

《当代汉语新词词典》对资源的解释是“资源是指人类赖以生存和发展的全部自然条件的总和，如土地、矿藏、空气、阳光和水等”。

杨艳琳在《资源经济发展》一书中指出，资源是一个涉及经济、法律、政治、科学技术、社会、伦理等诸多领域的概念。一般来说，资源是指对人有用或有使用价值的某种东西。从广义上来看，资源包括自然资源、经济资源、人力资源、社会资源等各种资源；从狭义上来看，资源仅指自然资源。

由此不难看出，随着生产力的发展和人类认识的扩展，资源的内容产生了深刻的变化，其内涵得以精深，外延获得拓展。人们对资源的认识也从单纯的自然资源、物质资源逐步过渡到更为复杂多样的非物质资源。人们对资源一词的使用和关注，也逐渐从经济领域走向更广阔的范围。

2. 图书馆资源

在人类历史文明发展中，图书馆有着悠久的历史，作为收集、整理和传播知识信息的场所，它是人类历史和文化所创造的精华记载的标志。长期以来，图书馆以其丰富的图书、期刊等文献资料吸引着读者，被广大读者称为知识的宝库。图书馆一直以图书的巨大藏书量而著称，在它的发展史上，图书长期占据着绝对主体的地位；随着知识的急剧增长和出版业的发展，期刊、报纸等各种文献资料逐渐兴起，日渐成为重要的文献信息形式；随着现代图书馆的发展，科学技术带来的协作与共享使图书馆的电子和网络信息变得日益重要。尽管图书馆馆藏的内容发生了变化，但它们都是图书馆资源的有机组成，是更丰富了的图书馆资源。除此之外，图书馆的工作人员、各种设备、建筑结构、服务风格、管理方式等与图书馆有关的一切都属于广义的图书馆资源。

（二）图书馆特色资源

近年来，特色资源逐渐受到各类图书馆的重视，各图书馆纷纷着手建立自己的特色资源，图书馆特色资源逐渐丰富起来。

1. 特色资源

按照《现代汉语词典》的解释，特色就是“事物所表现的独特的色彩、风格等”。

在《辞海》里面，“特”被解释为“独”“杰出的”等，“色”被解释为“颜色”“景象”等，进而人们可以将“特色”理解为独特的、优秀的色彩和风格。

有学者将特色定义为“特色者，个性也”和“稳定的个性风貌”；也有人认为，所谓特色，就是高水平，就是“非我莫属”“舍我其谁”。

尽管人们对特色的解释不尽相同，但从一般意义上，可以这样把握，特色是事物所表现出来的独特的、优秀的个性风貌，也就是指一定范围内该事物与众不同的独特风格，它是由事物赖以产生和发展的特定的具体的环境因素所决定的，是其所属事物独有的。同时，需要注意的是，特色不是永恒不变的，而是一个不断发展、富有动态变化内容的与时俱进的概念。现在的特色以后也许就不再成为特色。

特色资源也就是“有特色的资源”，是图书馆资源这一整体之中有特色的那一部分。因此，特色资源是图书馆资源的有机组成部分。

2. 图书馆特色资源

图书馆特色资源是一个内容丰富的概念。从宏观的角度来理解，图书馆资源中有特色的内容都可能成为特色资源，主要包含以下几方面。

①信息特色资源。随着科学技术的发展，信息化代表着现代图书馆的发展方向，信息资源在图书馆资源中占有越来越重要的地位。图书馆特色资源也日渐信息化，以崭新的面貌呈现在读者面前。信息特色资源既包括实体资源，也包括非实体资源，是图书馆特色资源建设的主体。当前，通常意义上讨论的图书馆特色资源建设，也以信息特色资源为主体。

②服务特色资源。服务特色资源是一种图书馆非实物资源，它无处不在，在细节上体现着图书馆的风格和特色。各个图书馆推行特色服务是现代图书馆特色化趋势的重要表现。服务特色资源体现了一个图书馆在服务方面的特色，是图书馆特色资源的有机组成部分。

③环境特色资源。其主要指图书馆建筑本身的特色。图书馆伴随人类文明的发展一路走来，世界各地已建立起不计其数的图书馆，许多图书馆已经成为

一个区域或一所学校标志性的建筑，成为人类建筑遗产和建筑文化的组成部分。甚至有人认为，一座图书馆，其实就是一个国家或一个城市的历史。牛津大学博德利图书馆的哥特风，法国国家图书馆的“四本书”造型，还有其他许多图书馆独特的建筑特色都给人们留下了深刻的印象。这些建筑特色带有城市和国家的历史印记，并与图书馆特色相得益彰。图书馆建筑本身，包括其内部结构，也是图书馆资源的有机组成，无时无刻不在体现着图书馆独有的特点，因此人们不能忽略图书馆建筑特色在图书馆特色资源中的地位，它无疑也是图书馆特色资源的一部分。

本书主要考察图书馆特色资源中的信息特色资源，它是图书馆特色资源的主要组成部分，也是人们在图书馆学领域重点研究的内容。据此，简而言之，图书馆资源的特色便是一个图书馆所收藏的文献信息资料具有的自己独特的风格。这种“独特”主要有两层含义：一是指一个图书馆拥有独具特色的部分馆藏；二是指一个图书馆总的馆藏体系具有与众不同的特点。在实践中，当前已经建设的图书馆特色资源通常符合第一层含义。

从人类活动的行为与动机来看，图书馆特色资源的形成是行为的结果。考察行为的动机，人们可以从被动与主动两方面进行分析。

①被动因素，指图书馆的服务性。服务功能是图书馆的基本功能，这种服务基于用户的需求，以满足用户需要为目标，用户有什么样的需求，图书馆就要据此提供什么样的服务。虽然在发展和反思中，图书馆的服务变得越来越积极主动，但服务始终要围绕用户的需求，两者的关系始终不变。

②主动因素，指图书馆的社会职能。保护人类文化遗产是图书馆传统的社会职能，自图书馆伴随人类文明共同发展起，就一直肩负着保存人类文化典籍的重任。《图书馆服务宣言》开篇有言：“图书馆是通向知识之门，它通过系统收集、保存与组织文献信息，实现传播知识、传承文明的社会功能。”这种保护和传承的社会职能并不完全向外诉诸用户需求，而是向内反思自身的管理，是主动去践行的职能。

着眼于被动因素，从内容与特征的角度，可以将图书馆特色资源概括为图书馆针对其用户的需求，以某一学科、专题、人物，某一历史时期、地域特点等为研究对象，依托该馆已有的馆藏信息资源，对更多文献信息资源进行收集（搜集）、整理、存储、分析、评价，并按照一定的标准和规范进行组织、管理，使其成为该馆独有或他馆少有的资源。它是该馆区别于他馆，且具有该馆独特风格的信息资源。

3. 图书馆特色资源特征

图书馆特色资源的特征通常体现在以下几个方面。

①人无我有，即独特性或特殊性，这是特色资源的本质表现，也是图书馆特色资源最根本的意义所在，它是图书馆特色资源存在的生命力和内在动力。

②人有我优，即杰出性或优质性，这就要求将图书馆特色资源不断进行优化，在质量上有突出表现。

③人优我新，即开拓性或创新性，这意味着图书馆特色资源不是永恒不变的，而是发展变化的，需要不断进行创新，获得可持续性发展。

④人缺我全，即系统性或完整性，这就要求图书馆特色资源在具备并且保障质的前提下，争取量的广度，建立较为完善的系统资源。

（三）图书馆特色资源相近概念

图书馆特色资源概念的明确提出是近几年的事情。在此之前，人们已经认识到图书馆需要面临新的发展和转型的问题。在人们探索的过程中，出现了很多与图书馆特色资源相似、相近的概念。正是对这些概念的使用和反思，推动了图书馆特色资源这一概念的形成。

1. 图书馆特色与特色图书馆

在谈及图书馆特色资源的时候，需要注意“图书馆特色”与“特色图书馆”这两个相近的概念。

图书馆特色：各个图书馆由于规模、地域、性质、职能和服务对象等方面的差异，在藏书、管理、服务、科研、建筑等各个方面都显现出自己的特色。可以说，每个图书馆都有自己的特色。

特色图书馆：系统收藏某一学科（主体、领域）文献信息的公共图书馆。很明显，它不是综合性的，而是专业性或专门性的。例如，国外加拿大渔业研究图书馆、布隆迪的咖啡文献图书馆等，以及国内温州的鞋都图书馆、湖北的啤酒图书馆等都是特色图书馆的典型代表。

特色是图书馆特色和特色图书馆共同的核心价值概念，然而，“有特色的图书馆”并不等同于“特色图书馆”。它们虽然都强调特色的突出价值，但其指向不同。图书馆特色强调的是一个图书馆任何方面的一个或多个特色，也就是说，任何一个图书馆都可以有自己的特色；而特色图书馆强调的是一个图书馆从馆藏到服务对象和服务方式的特色统一，它必然是图书馆中的少数。

图书馆特色资源是图书馆推进特色化建设过程中的重要内容。建设图书馆特色资源可以进一步深化图书馆特色，是图书馆特色化的必然要求，而不能改变图书馆的性质和功能，变成特色图书馆。

2. 图书馆资源与图书馆特色资源

图书馆资源，顾名思义，是指一个图书馆所拥有的全部可供利用的客观存在。这种资源既包括实体的印刷资料、各种设备、场所等，也包括非实体的虚拟资源。它是范围最广的与图书馆相关的存在。

与图书馆特色资源相比，图书馆资源的外延更为广阔，包含内容更加丰富，资源的存量更巨大。就逻辑所属关系而言，图书馆资源与图书馆特色资源是真包含关系，即图书馆资源真包含图书馆特色资源。

（四）图书馆特色资源产生的背景

随着生产力的发展，生产关系也不断进行相应的调整。科学技术的发展更带来社会分工的专门化，不同人群对知识和信息的需求也日趋多样化和专门化。如何更快捷、更便利地获得所需的特定知识和信息是人们日益关注的问题，由此，图书馆特色资源呼之欲出。

1. 图书馆读者需求

随着我国高等教育的发展和民众文化素质的提高，无论高校图书馆还是公共图书馆，大众化的馆藏资源的有限性越来越明显，越来越不能满足广大高校师生与普通民众的科研和学习需要。在这种情况下，人们需要对图书馆进行新的布局和新的资源配置。

人类历史发展经验告诉我们，推动某一事物向前发展的真正动力，莫过于社会对该事物的强烈需求。图书馆特色资源，正是应对社会的需求而产生的。

对效率和效能的追求是图书馆特色资源产生的推动力。旧的图书馆资源格局在效率至上的现代社会显得落后、低效，用户对资源的利用率低，查找成本高，已经不适应社会的发展。对效率的本能追求，推动图书馆打破僵局，锐意改革，提高效能。同时，由于各种文献价格大幅上涨及其他诸多因素，经费紧缺的图书馆越来越陷入窘境。为更好地满足读者的文献要求，部分图书馆采取保品种减复本、保期刊减图书或保中文减外文等文献购置的权宜措施。这些方法实践起来往往力不从心，也没有收到满意的效果。如果加强图书馆特色资源建设，图书馆就可以集中经费购置特色文献，减少非特色文献的经费开支，从而使有限的经费发挥出更大的效益，缓解经费紧缺的矛盾。这一现实也迫使图书馆从根本上寻求解决问题的方法。

2. 图书馆资源不均衡性和稀缺性

无论何种资源，在分布上都不是均衡的。彼与此质的差异和量的多寡致使特色形成，需求则催化了稀缺性的彰显，结果往往造成争夺，而争夺的结果又会导致稀缺性的加剧。图书馆掌控的资源量是有限的，当图书馆某些资源的稀缺性日益明显时，特色便醒目起来。从这个意义上讲，图书馆特色资源的产生可以归结为图书馆有限资源的不均衡性和稀缺性。

3. 社会生产力发展带来的广泛影响

人类文明发展的过程也是知识的增长和积累的过程。随着知识爆炸时代的到来，信息量激增，单个图书馆的有限馆藏信息资源，已经远远不能满足人们对信息的需求；同时，无论是纸质文献还是电子文献，在数量上都浩如烟海，加上馆藏成本上涨和图书馆经费的有限，任何一个图书馆都不可能也没有必要对所有文献进行全面收藏。单纯追求馆藏体系的完备，以期自给自足地满足读者的需求，是根本不现实的，也是不可能的。图书馆的馆藏不可能再按照“大而全”“小而全”的老路走下去。为了充分满足广大用户对特色资源的需求，为了提高自己的生存竞争力，图书馆必须加强特色资源建设。唯有如此，图书馆才能在社会变革中拥有稳固的立足点，才能吸引读者的目光，受到读者的青睐，焕发勃勃生机。

在新的社会环境下，图书馆的价值不再单纯以其拥有的馆藏规模和广度来衡量，而是以它为读者提供所需信息的能力来衡量。图书馆要想在新的信息环境中求得生存和发展，并彰显自己的优势和价值，唯一的出路就是建设好特色资源，并充分利用其特色资源为学校教学科研和地区经济建设服务。

4. 哲学思考带来的思想转向

按照文化哲学的观点，多元化、平面化已成为时代发展的特点，国际化、经济全球化、知识经济和跨文化化是 21 世纪塑造当今世界的 4 种相互作用的力量。这 4 种力量投射到图书馆资源的发展上，就是多元化及协作共享。在这种思想指引下，图书馆改变死板、单一的模式，对馆藏、服务等方面进行了全面反思，发掘特色资源、建设特色资源，既改变了格局的单调守旧，又加强了与外界的联系。把图书馆资源看作平面，特色资源就是突出的一个又一个点；不同的图书馆建设自己独特的特色资源，图书馆资源逐渐变得多元化。以特色资源为基础和内容加强共享，也是促进图书馆跨领域协作的过程。

（五）图书馆特色资源建设的意义

图书馆特色资源建设对图书馆发展具有重要意义。图书馆特色资源是在图书馆适应现代化转型过程中形成的，形成后又对图书馆的发展产生反作用，促进图书馆从观念到布局各个方面的积极转变，进而保障了图书馆在现代化进程中的健康发展。

1. 促进图书馆馆藏观念的改变

长期以来，图书馆的馆藏建设一直秉承“大而全”“小而全”的原则，每一个图书馆都试图把自己建设成一个包罗万象、无所不包的百科全书式的知识储藏殿堂。而图书馆特色资源的形成，意味着图书馆以特色为突破口，打破全能型图书馆的格局。

以前的图书馆馆藏建设都以“自给自足”为目标，普遍拥有“你有他有，不如我有”的心态，这就造成了各个图书馆之间的馆藏出现“你有他有我也有”的局面，各个图书馆都固守在自己的小天地里，自得其乐。图书馆特色资源一旦形成，就要求各个图书馆之间进行分工合作，保持互动，进行共享。

信息化时代以前的图书馆是彼此独立、互不干涉的组织，不需要了解、熟悉其他图书馆的资源状况，在更古老的时代，由于科技水平有限，彼此的交流甚至也不能及时有效地进行。然而，信息时代的到来和图书馆特色资源的产生，使得各个图书馆发生了比以往任何时候都更加紧密的联系。这使得现代图书馆变成相互联系的节点，互相连接。

随着图书馆特色资源得到越来越多的重视，人们已经意识到，陈旧的图书馆馆藏建设观念已经不能适应社会新的发展变化，也不能满足指导图书馆更广阔的资源建设的要求。图书馆应该从那个相对封闭的意识中走出来，以开放的意识迎接新的社会变迁。图书馆特色资源的形成无疑是观念转变的显著成果。

2. 促进图书馆资源配置的合理性

当今世界处于一个迅速发展的信息时代，面对知识激增、信息无限增长、各种载体文献不断增加，可是经费预算短缺的局面，图书馆该如何取舍？是减少复本数量，还是保期刊减图书？实践表明，一味求“全”，这些措施都解决不了根本问题。只有从各个馆的实际情况出发，将有限的经费进行合理分配，保障图书馆特色资源的重点投入，减少非特色资源的支出，才能把自身的特色资源建设成一个相对完备的文献信息保障系统。各个图书馆各自形成独具特色的特色资源，既是对本馆资源的合理配置，也是图书馆整体资源合理配置的基础。图书馆特色资源的形成，能够有效减少现有图书馆馆藏重复建设的现象，通过资源共享还能够大大缓解某些资源短缺的矛盾，使图书馆资源布局逐步合理和优化。

3. 提高图书馆的办馆效益

评估图书馆的办馆效益是一项复杂的综合工作，不是简单机械的操作，它包含多项内容，需要多角度衡量。然而，对图书馆资源的利用率是其中公认的重要指标。

图书馆特色资源形成以前，各种资源类目相对均衡，没有大的差异，用户往往要进行多次查找、检索，甚至要在不同图书馆之间奔波，时间和人力成本很大。而图书馆资源也常常有的无人问津，有的疯抢使用，差别很大。

图书馆特色资源形成以后，资源分类更加明晰，同类文献信息资料更加丰富和集中，对用户来说，查找和使用更加便捷，所需资料往往在一个图书馆就能获得较为全面的内容，节约了时间成本，特别是图书馆特色资源得以共享后，便捷性更不言而喻；对图书馆来说，馆内各种资源得到合理配置，资源利用率得以提高，进而提高了图书馆的办馆效益。

二、图书馆特色资源的类型

对认识对象进行分类，是人们常用的方法，也是简单有效的方法。对图书馆特色资源进行不同的分类，有利于人们直观认识图书馆特色资源，了解其外延范围，从而加深对其内涵的认识。

分类的方法有很多种。依照不同的划分标准，可以对图书馆特色资源进行不同的分类，有多少种标准，就有多少种分类。本书从粗犷和精细两方面着手，对图书馆特色资源进行类型的不同区分。

（一）图书馆特色资源粗犷分类

1. 分类原则

分类遵循形式逻辑划分的原则，尽量做到使分类清楚、准确，避免重复、交叉。分类时应做到以下几点。

①标准唯一，即每次划分依据一种标准。

②相应相称，即分类以后的类型，其外延之和等于图书馆特色资源之和。

③子项外延不得相容，即所得类型之间，其外延不重合。

2. 具体分类

（1）印刷型特色资源

印刷型特色资源是指以印刷形式表现出来的资源。它依赖印刷技术，通过印刷技术把资源展现出来。

印刷是使用印版或其他方式将原稿上的图文信息转移到承印物上的工艺技术。根据这一定义可知，印刷型特色资源是一种实体资源。这种资源有固定的形态，且一旦形成，就不可改变。传统的图书、期刊等各种纸质印刷资料都属于这一类型。这种资源有悠久的传承历史，因其阅读的舒适性、保存的稳定性和流传的便利性，长期以来是主要的图书馆资源形式，并且至今仍在广为应用。

需要说明的是，虽然印刷型特色资源多以纸作为承印物，纸质印刷物构成此类资源的主体，但人们也不应忽视由其他材质（如织物、皮革等材料）的承印物形成的印刷物。尽管在数量上稀少，但它们也是印刷型特色资源中独特的一部分。

（2）数字型特色资源

近年来，随着生产力的迅猛发展，计算机技术日益成熟和拓展，对人类生活各个领域产生了巨大影响。数字技术更是其中最重要、应用最为广泛的技术之一。数字型特色资源便是这一技术变革的产物，它依赖数字技术，通过数字技术表现出来。

数字技术是一项与电子计算机相伴相生的科学技术，是指借助一定的设备将各种信息包括图、文、声、像等转化为电子计算机能识别的二进制数字“0”和“1”后进行运算、加工、存储、传送、传播、还原的技术。

数字型特色资源与印刷型特色资源截然不同，它没有物理载体，不是独立存在的实体，不受空间的限制，因此也被称为虚拟资源。其主要表现形式有：电子图书（学术专著、学位论文、教科书、标准、技术报告等），电子期刊（出版商电子期刊、学会电子期刊、寄存集成商电子期刊），工具型资源（考试系统、参考文献管理系统等），学习型数据库（以语言学习、素质教育为主的文字、多媒体类资源），文摘索引数据库（综合性、专业性），数值型数据库（经济、金融类统计数据库），集成商全文数据库（报纸、期刊等混合型全文数据库）等。这种类型的资源查找和检索起来更省时省力，更有针对性和目的性；传递更有效率，传播范围更加广泛，因而越来越受到人们的重视和欢迎。同时，数字型特色资源体现了现代图书馆的发展方向，也指明了未来图书馆资源的发展方向，它是图书馆特色资源中最有生命力的部分。

（3）特殊载体特色资源

在图书馆特色资源的类型里面，特殊载体特色资源具有更鲜明的特点，载体的特殊性是此类资源有别于其他资源的显著特征。除了依托印刷技术和数字技术的印刷型特色资源和数字型特色资源，剩余特色资源都可归入此种类型。

缩微资料和声像资料是特殊载体特色资源的主体。缩微资料是指以感光材料为载体，采用光学摄影技术将文献的影像进行固化而得到的一种资源。按外形分，常见的有卷片型（开式卷片，单、双芯盒装卷片）和品片型（条片、封套片、开窗片、缩微平片、缩微卡片）两种。缩微资料体积小，信息密度大，在存储相同资料的情况下，能够比普通纸质资料节省超过 90% 的空间和重量。但其使用要依赖阅读机等专业机器。

声像资料是指以电磁材料为载体，以电磁波为信息信号，将声音、文字及图像记录下来的一种动态型资源，主要包括幻灯片、电影胶片、录音带等。这类资源的特色是动静结合，可以使人闻其声、观其形，具有良好的音响效果和形象效果。同样，对其使用也需要借助专门的工具进行播放。

除此之外，本书把历史上在印刷技术出现以前所形成的文字、图形等资料也归为此类资源。这类资料以手工的方式（写、画、刻等）把文字、图形等内容保留在特殊载体上，如龟板、钟鼎、布帛、竹简、泥板、蜡版、羊皮、纸等。这类资料由于没有依赖印刷技术，因此与印刷型特色资源有本质的区别。

（二）图书馆特色资源精细分类

1. 分类原则

在这里，分类同样要遵循形式逻辑划分的原则，一次划分采用一个标准，同时要使子类和母类相应相称，子项外延不得相容。

2. 具体分类

（1）按学科来划分

图书馆特色资源可以按照具体学科进行简单分类，用以突出其在某一具体学科方面的鲜明特点。这种划分在高校图书馆颇为常用，一般取决于该学校的学科布局和科研能力。

在理论上，人们对图书馆特色资源可以按照一级学科进行划分和标志，如管理科学与工程、工商管理，农林经济管理，公共管理，图书馆、情报与档案管理；也可以按照二级学科进行划分和标志，如图书馆学、情报学、档案学。然而对任何一所高校来说，其作为特色资源而存在的学科资源很难覆盖全部学科。因此，并非每一个学科层次的划分都有完全对应的特色资源。实际情况是，许多高校经过历史的沉淀逐步形成了自己的学科特色和专业特色，并拥有相对突出且稳定的藏书体系。高校以此为基础，进一步巩固、健全和发展，建成了自己的特色资源，如清华大学的“建筑数字图书馆”、天津工业大学的“造纸、食品科学特色数据库”、北京邮电大学的“邮电通信专业数据库”等。

（2）按学校来划分

①学校特色资源。我国现有1000多所高校，每一所学校都有其自身独特的方面，都可以建设自己的特色资源。从某种意义上说，有多少所高校，就有多少种特色资源建设的潜在可能性。典型的高校图书馆特色资源，就是大多数高校都已经将本校硕博毕业生的学位论文进行收藏，建立起该校的学位论文特色资源。

②非学校特色资源。这里主要指各级公共图书馆特色资源，如国家图书馆、首都图书馆、东城区图书馆、密云区图书馆等特色资源；专门图书馆特色资源，如全国地质图书馆、中国社会科学院文献情报中心、中国医学科学院图书馆等特色资源；其他私人图书馆特色资源，如上海2666私人图书馆特色资源等。

（3）按地域来划分

图书馆收集整理的各类信息资源都是人类文明的产物，而历史上，人类文明的出现是以地域为特征的。不同的地域在地理、历史、经济、文化等各个方面是千差万别的，由此，图书馆所需的各类信息资源也具有不同的地域特色。从地域角度进行分类，其原理和意义与前面按学校分类相类似，都是为了突出某一范围内与众不同的东西。

①按行政区域进行分类。在此可以把具体资源标志为北京市特色资源、河北省特色资源、广东省特色资源、香港特色资源等。这一类型的特色资源是国家的重要资源和财富，它能够反映各地的政治、经济、历史、文化、自然资源以及风土民情等情况，采用这种分类能够清楚地了解各个同级行政单位的特色资源状况，对横向比较研究具有一定的价值。

②按民族区域进行分类。我国是多民族国家，有很多少数民族聚居地区。身处民族地区的各类图书馆，非常自然地把各民族文献资料进行收集整理，建设民族特色资源，如“苗族文献信息中心”“藏药文献信息中心”“南方少数民族傩文化文献信息中心”等。

（4）按时间来划分

纵观历史，每个时代都有其鲜明的特征。按照资源生成时间的远近，我们可以把已知的特色资源分为古代（1840年以前）特色资源、近代（1840—1911年）特色资源、现代（1911—1949年10月）特色资源和当代（1949年10月至今）特色资源。这种划分基于历史的自然发展，有利于了解不同历史阶段特色资源的分布、发展等情况，是纵向比较研究中常用的方法。

除此之外，对具体图书馆而言，根据所需专题或历史时期等特定要求，其特色资源往往截取特定的时间段，如北京师范大学的"解放前师范学校及中小学教科书全文库"，中国人民大学的"民国时期资源数据库"等。

（5）按介质来划分

特色资源本身依赖一定的介质而存在，并通过介质表现其自身。在历史上，能够作为资源介质的东西很多，对资源不同介质的选择过程也是人类对自然界的认识、开发、利用逐渐深入的过程。常见的主要有以下几类。

①甲骨。青铜时代，人们在龟甲、兽骨上用文字或图形记载日常生活中的重要事情。这恐怕是最早的文字记载资源。

②简牍。以竹片或木片为载体，写上文字后编连起来。这是我国最早的图书形式。在造纸术出现之前，简牍是我国最主要的用于书写和记录的材料。

③兽皮。有时候，人们会把文字或图形等信息记录在动物的皮上保存下来。这种方法在传统狩猎族群中应用更为常见。

④缣帛。随着生产力的发展，人们制造出丝帛这种更便于书写和绘画的材料。早在战国以前，人们就对丝织物有了认识，当时人们把锦、绣、绫、绢、绮等都统称为帛。这类资源书写、传递都比较方便，也易于保管，便于阅读。但因其成本昂贵，非百姓中流通之物。

⑤纸。作为中国四大发明之一，纸的出现影响了中国乃至世界文化和文明的发展与传播。直至今天，纸仍然是最广泛被应用的书写、印刷材料，人们对图书等纸质资源仍然情有独钟，以纸为媒介的印刷资源仍然是图书馆特色资源的重要组成部分。

⑥多媒体资源。以声像等形式存在的特色资源，如光盘版数据库、记录特定历史特定人物的声像的磁盘、光盘等。

⑦网络资源。其指应用现代技术，通过计算机网络收集、整理和传输可供利用的保存在图书馆馆外的资源。这是一种虚拟资源，包括联机检索的数据库和互联网信息资源两部分。这类资源具有信息量大、易操作、易存储、易共享等优越性，是现代图书馆特色资源不可或缺的部分。

（6）按出版形式来划分

①图书。作为资源的图书，是人们最熟悉也最常见的一种形式。无论在人

们日常生活中还是在研究领域，都具有悠久的历史和广泛的流传。长期以来，图书一直作为最主要的资源形式而存在。传统图书馆常常拥有惊人的藏书量，图书种类繁多，内容多样，各种著作、各种教材、各种资料汇编等，都依据其内容可能被判定为某种特色资源。特别是因出版量小、时间久远等因素导致存世数量小之后，其稀缺性便显露出来。某些图书馆藏书中的孤本图书，便是这一特色资源形式的典型代表。

②连续出版物。连续出版物，是一种具有统一名称、固定板式、统一开本、连续编号，汇集多位著者的多篇著述，定期或者不定期编辑发行的出版物。具体而言，期刊（杂志）、报纸、年度出版物（年鉴、指南等）、报告丛刊、回忆录丛刊等都属于连续出版物。其中期刊作为特色资源经常出现在以高校为代表的研究性机构中，而年鉴等则更经常出现在以地方图书馆为代表的机构中，地域性更强。

③特种文献。顾名思义，特种文献是指出版形式比较特殊的文献资料。它介于图书与连续出版物之间，内容广泛新颖，种类复杂多样，涉及科学技术、生产生活的各个领域，出版发行没有统一规律，但具有重要价值。通常，特种文献主要包括科技报告、专利文献、会议文献、学位论文、政府出版物等。

④非书资料。它指不按照传统的印刷方式而利用现代技术方法，将信息记录和存储在除了纸张以外的其他物质载体上的一切资料，是一种非印刷型的实体资料。与传统特色资源比较，这类特色资源具有生动形象、传递迅速、体积小、质量轻、成本低等优势，但在保存上需要一定的条件，而且必须借助相应的设备。非书资料主要包括微缩资料、视听资料、机读资料等。

⑤网络资源。它指以电子数据的形式将文字、图像、声音、动画等多种形式的信息存储在光磁等非纸质载体中，并通过网络和计算机等方式再现出来的资源。它不再是实体的，而是虚拟的。这类资源内容极其丰富，数量特别巨大，充分体现了知识爆炸的时代特征带给人类生活的巨大影响。按照使用形式，网络资源可以分为联机检索资源和互联网资源。通过联机检索获取的特色资源内容比较广泛，精确度高，时间成本低。但需要专业人员帮助，并且通常是付费服务。通过互联网获取的特色资源内容丰富，信息量大，传递无障碍，方便存取与利用。但内容质量良莠不齐、庞杂无序，而且需要注意版权问题与安全问题。按照与非网络资源的对应关系，网络资源可以分为联机公共目录、电子书刊、数据库等。

（7）按加工程度来划分

图书馆特色资源多以文献形式出现，按加工程度不同，对图书馆特色资源进行相应的划分。

①零次特色资源。其指未正式发表、正式出版的各种资料，包括书信、手稿、记录、笔记等。这种资源在特定研究中具有重要价值，但收集、保存具有一定的困难，数量也比较少。

②一次特色资源。通常指作者首次出版的原始创作，也被称作原始文献或一级文献，包括图书、期刊、会议论文、科技报告等。这类文献数量最大、种类最多、使用最广、影响最大，是获得二次文献和三次文献的基础。

③二次特色资源。其指在一次文献的基础上进行加工、提炼、整理之后形成的检索工具。与原始文献相比，它更加有序、系统，主要包括目录、索引、文摘等。这类资源的重要性在于能够方便读者在有限的时间内获得较多的文献信息。

④三次特色资源。它指对二次文献做进一步的研究、分析、评述而形成的文献，包括综述、专题报告、百科全书、指南等。

（8）按公开程度来划分

①白色特色资源。其由白色文献构成，指一切正式出版并在社会上公开流通的文献。它向社会所有成员公开，意味着大白于天下，人人都可利用。

②灰色特色资源。其由灰色文献构成，指非公开发行的内部文献或限制流通的文献，如非公开出版的政府文献、学位论文，不公开发行的科技报告、技术档案等。它的流通渠道比较特殊，数量也通常很有限，但由于信息广泛，内容新颖，见解独到，越来越受到重视。

③黑色特色资源。其由黑色文献构成，指人们未破译、辨识其中信息的文献，或非公开出版发行、处于保密状态、不愿公布其内容的文献，如军事情报资料、技术机密资料、个人隐私材料等。它的保密性很高，非特定的读者对象无法获取。

在图书馆特色资源的构成中，白色特色资源最为常见，人们常用的绝大部分都是白色文献，它是图书馆特色资源的主体；灰色特色资源数量不多，却常常极具特色，是图书馆特色资源中备受关注的部分，而且随着信息社会网络技术的覆盖，影响范围逐渐扩大，为越来越多的用户所了解和肯定；黑色特色资源数量最少，最具有秘密性和神秘性，它并不常用，通常在特殊领域和议题中才会涉及黑色文献。

三、图书馆特色资源的属性

了解事物的属性是理解该事物直接有效的方法之一。通过事物的属性，人们能够深化理解事物内涵，明晰事物的性质，进而掌握事物发展的规律，促进事物的发展。由于图书馆特色资源的特殊性，图书馆特色资源具有多重事物的公共属性，也具有自己独特的属性。这些属性是人们了解图书馆特色资源的有效途径。通过这些属性，人们能够加深对图书馆特色资源的理解，深化对它的研究，促进它的发展。

（一）有限性

图书馆特色资源是以图书馆能收集到的各类知识和信息资源为基础而建立起来的，这些知识和信息资源伴随人类生产生活而产生，虽然数量庞大到难以估计，但由于人类自身的局限性，随之产生的知识和信息资源自然也是有限的，因而图书馆特色资源天然具有有限性。

图书馆特色资源的有限性表现在两个方面：一方面是类的有限性，图书馆特色资源以特色见长，便意味着它不是以普遍性意义而存在的，不是所有的图书馆都拥有特色资源，同样，一个图书馆也不可能拥有全部种类的特色资源；另一方面是量的有限性，从图书馆特色资源总量来看，受制于人类自身能力以及环境，既然图书馆资源是有限的，那么作为子项的特色资源必然也是有限的，从单个图书馆的特色资源来看，文献资料不计其数，以一馆之力难以囊括所有，即使仅着力于特色资源，也非易事。

在保证图书馆正常运转、实现基本功能的前提下，追求图书馆特色资源类的完备和量的充盈是图书馆的目标，但也应该注意谨防盲目扩充，不能过分追逐目标，否则将又重新陷入求“全”的窠臼。

（二）人工性

图书馆特色资源是以人工的方式，采用各种方法和手段，对所能利用的一切资源进行多种加工而得来的，它的主体是人，从提出到使用，从指导思想到技术革新，都是人在主导，显然具有人工性。图书馆特色资源是由专业技术人员按照相应的要求或需求，以专业方法对客观对象进行进一步加工得到的，整个过程都是人这一主体的主观活动，结果是可控的、可见的，因此完全可以说这是一种人工活动，具有人工性，也不可避免地带有主观色彩。

（三）有序性

图书馆特色资源是一种有序的存在。它不再是凌乱无章的简单信息，也不是独立散乱的知识点，而是内在关联的稳定资料。图书馆特色资源能够分门别类也好，条分缕析也罢，都是其有序性的表现。它不是同类内容的简单叠加，也不是僵硬的条条框框，而是存在有机联系的系统性材料。

（四）积累性

图书馆特色资源不是天然存在的，而是后天积累和建设的结果。图书馆特色资源的多寡和规模也不是先天固有的，而是随时间逐渐丰富和扩大的。人类今天拥有的丰富资源离不开人们饱经沧桑、历经磨难而保留下来的各类资料，它们是古代私人藏书家、官方藏书楼以及近现代图书馆、各类文献收藏机构保存下来的人类文明的集合。没有历史上的点滴积累，就没有今天的种种规模。人们不能割断时间的连续性，同样，它也将被人类继续积累和传承下去。

（五）特殊性

图书馆特色资源的特殊性又称为专门性，主要体现在它自身的特色上。这种特色是图书馆特色资源的灵魂和生命，没有这种特色，特色资源便也不能成其特色；没有这种特色，特色资源便失去了与普通资源相区别的本质属性。因此，从某种意义上说，特殊性是图书馆特色资源最本质的属性。图书馆特色资源通常是以专题形式出现的，无论这一专题横向和纵向的范围如何，它总有与众不同的特殊点存在。

（六）发展性

各类文献、信息等是图书馆特色资源的有机组成部分，它并不是处于静止状态的，而是按照一定的规律处于运动之中，每天都有新的图书出版、新的期刊发行、新的会议文献产生、新的学位论文完成……每天也都有新的特色资源生成、更新。随着知识的快速产生、信息交流的频繁和人类记录水平的提高，各类文献、信息的数量日益庞大，形式日益多样，更新的速度日益加快，因此，图书馆特色资源也处于发展变化之中，并随着变化不断得到完善与深化。

坚持可持续发展，是图书馆特色资源发展之路的宗旨。要获得可持续发展，就要创新。只有不断创新，才能为图书馆特色资源不断注入新的活力，才能保持图书馆特色资源的不断发展、不断完善。

（七）可建性

图书馆特色资源是人类通过规划、采集、选择、加工、整理、评论等手段，有目的地进行建设、改造和优化而形成的，其可建性显而易见。各种特色数据库、特色资料库的建立就是图书馆特色资源可建性的最好体现。如果不具有可建性，图书馆特色资源就不能形成具体的表现形式，人们也就不能对其进行补充、修正、完善。因此，这种可建性也是图书馆特色资源得以继续深化发展的可行性保障。

（八）共享性

考察图书馆特色资源的组成部分，不难发现，它们绝大部分是以公开的形式呈现于公众面前的，这就赋予了公众对之平等利用的机会。因此，一方面，就构成而言，图书馆特色资源便具有了共享的性质；另一方面，就目的而言，人们建设图书馆特色资源、研究图书馆特色资源的初衷，也是为了便于更多的人更方便地使用和利用这些资源。共享的意义就在于此。再者，人们处于一个相互连接、相互影响的信息社会，无时无刻不在交换着各种信息。图书馆特色资源也在这种连接和交流中获得新的内容。共享，让彼此更好地交流，更便利地应用。

第二节　图书馆特色资源建设的现状

特色资源建设是关系到图书馆生存与发展的重大问题，因此，建设者必须认真考虑资金预算、技术支撑、质量要求、使用平台以及各个独立馆之间如何协作等因素，确立建设的原则和发展的方向，制订出一套可行性高、易操作、易出成果的方案。

一、图书馆特色资源建设遵循的原则

（一）针对性原则

图书馆特色资源建设应当有明确的针对性，其最大的针对性是针对读者的需求。实际上，读者的需求是形成特色馆藏最重要的因素。特色资源如果没有读者问津，特色资源建设就丧失了其现实意义。要针对区域特色，就是针对该区域的经济、政治、文化、教育、民族、风俗等。特色资源建设必须建立在这些要素上。例如，党校图书馆就是要针对党校特点、学科建设、服务对象和范围进行建设。

（二）实用性、特色性原则

实用就是贴近现实，讲究投入与产出的关系，与实际的需求紧密连接。特色资源建设也只有实用才能拉近与读者的关系，才能得到读者的欢迎和认可，才能更好地体现建设特色资源的价值，才不会迷失特色资源建设的初衷。

从实质上来讲，数据库只是人们存储信息的工具，实用和特色才是其根本。故图书馆资源的建设应从本馆的实际情况出发，并结合地方社会经济和地方科

研发展的实际需要，同时从读者数量、需求、实用及特色资源质量的角度出发，全盘考虑，使得本馆的特色资源建设最大限度地满足需求。

（三）系统性、准确性原则

系统性原则就是特色资源建设要系统地收集、整理，尽可能将建设对象内容收罗到特色资源库中去，做到无论从时间坐标还是从地域坐标上考察它都是一个比较完整的特色资源体系。要做到系统性，就必须避免遗漏，即时间上的断层和空间上的缺位。

图书馆特色资源建设的过程中既要注意文献信息的完整性及各类信息之间的关联性，又要注意其准确性，故要求各馆在加工数据时应采取科学、严谨的质量管理办法。另外，平时也要注意多搜集数据库在使用中反馈的问题，以问题为导向，据不断进行改进，进而使其越来越完善。

（四）标准化、通用性原则

标准化原则是技术层面上的问题，就是特色数据库建设的软硬件必须符合规范标准。实践证明，数据库的格式标准化直接影响到其使用效果、存在价值和发展前景。因此，特色数据库建设要严格按照国际、国家和行业标准，采用统一规范的格式，以成熟的软件和通用标准为技术平台，建立规范化、标准化的特色数据库。

图书馆特色资源的建设存在着一系列的数据格式标准和数据规范问题，建库前必须注意这些问题，如为了实现资源的共享必须遵循通用的相关准则和标准，遵循网络传输协议的要求，采用具有标准化和规范化的数据库援建模式和数据库格式等，以保证本馆的数字化产品的通用性，为共建和共享创造条件。

（五）可扩展性、兼容性原则

这也是技术层面上的问题，就是特色数据库应具有良好的发展空间和升级能力，能兼容不同的设备和网络系统，实现跨平台、多媒体技术的综合应用。

（六）联合共建原则

资源共建共享，是一个历史话语，是多年的夙愿。在网络未进入人们视野之前，资源共建共享受科学技术的制约，只是局部、低层次、零星地开展。网络的诞生给图书馆资源共建共享提供了技术支撑和广阔的前景。联合共建就是在建设特色数据库时，要充分利用群体优势，尽力争取社会力量的参与和支持。这样既可以加强与社会的联系，又可以扩大图书馆的影响力。共建的主体主要是图书馆及有关信息机构。通过各信息单位分工合作，联合共建，可消除各自为政的局面，避免重复建设所造成的人力、物力和财力等资源的浪费，又能够弥补资金和人力上的不足，同时，可以实现互通有无、取长补短、优势互补，并且进一步增强图书馆及其他信息机构之间的亲和力与凝聚力。

二、图书馆特色资源建设面临的难题

总体来看，目前各馆包括高校图书馆及地区的公共图书馆都是较为重视本馆特色资源建设的，但是，图书馆特色资源的建设中仍面临许多问题，笔者认为主要表现在以下几个方面。

（一）图书馆管理需求的复合型人才的不足

馆藏特色资源的建设包括很多步骤和环节，这就提高了对图书馆工作人员综合素质的要求，原来的图书“保管员”已不能满足图书馆特色资源建设的需求，图书馆办公的自动化，要求工作人员除了具备基本的业务知识能力外，还要具备必要的学科专业知识及其他知识。这也要求图书馆以此为契机，抓紧培养人才、储备人才。

（二）特色资源建设资金的不足

图书馆特色资源的建设是一项庞大的、长期的且见效较慢的工程，在建设之初更是需要巨大的资金支持。近年来，各图书馆已开始进行一定的人力和财力的投入，但相对于图书馆特色资源的长期建设来讲仍显不足。例如，若要开发一个“国内机动车辆发展历程”的专题，第一步要搜集大量的资料，这就需要花费大量的资金、精力及时间；第二步进行加工、数据录入、扫描工作；第三步整理编排；第四步出版、展出、宣传等。由此可见，开发一个专题需要的时间、资金、精力等都很大。再加上信息技术快速发展，图书馆资料的膨胀，所需空间也越来越大。那么，这里笔者建议经费的问题可通过项目申请，国家有关部门规划及个人、企业的资助等多种方式来解决。

（三）特色资源的建设缺乏整体、全面、长远的规划

由于各个图书馆所处的地理位置、自身的形成历史及其社会地位的差异，长期发展的过程中，每个图书馆都逐渐形成了本馆的收藏特色，有些可能以地方古籍为主，有些以民族特色为主，有些则以学术专题或重点学科为主，等等。虽然说各个图书馆可能依靠原有的具有稀缺性的馆藏资源进行了图书馆特色资源建设，但是从长远来看，缺乏较为科学的合理规划，从这个意义上来讲也是不利于图书馆特色资源建设的长远发展的。

建议高校学术分会或政府出面建立一个图书馆特色资源建设统筹规划会，每年定期举行会议，一方面探讨图书馆特色资源建设的规划体系建设，另一方面也便于各个图书馆之间进行经验交流，同时，还可为探索新的特色资源建设模式做准备。

（四）图书馆特色资源版权及其标准的问题

近年来，互联网的快速发展及个人计算机的普及，促进了数字图书馆的快速发展，校园网络及电子资源在现代意义上的图书馆中占据重要地位。但是，其版权、标准等问题也日渐突出。有的图书馆投入巨资进行特色资源的建设开发，结果却是一些人能轻而易举地获得相关资源，这严重侵犯了开发人的权益。图书馆特色资源版权及其标准的问题不容小觑。

（五）图书馆特色资源建设后，共享渠道不畅，使其不能充分发挥价值

图书馆特色资源建设具有的高投入、高难度、见效慢等特点使得许多图书馆不愿将花费较大力气开发出的特色资源与人共享，对此笔者认为这是一种资源的低效率利用，建议可以通过收取适当的费用有限度地允许他人使用或与其他馆之间进行特色资源的交换使用等，这样既可提高其利用率又能获得额外收益。

三、图书馆特色资源建设的意义

（一）从国家的角度来讲，是提高国民素质的需要

经济的快速发展使得社会的竞争越来越激烈，我们国家要想在激烈的世界竞争中立于不败之地，就要增强自主创新能力，而创新的关键在于人才，在于高素质的国民。所以，国家普及九年教育，鼓励公民主动学习、终身学习，不断提高国家软实力，以期在国际竞争中占有一席之地，故从国家整体利益的角度讲，图书馆特色资源建设意义重大。

（二）从办馆方来讲，是提高本馆办馆质量和效益的需要

从图书馆自身的角度看，特色资源的建设肯定有助于实现本馆的管理目标，同时可以保持本馆的活力和竞争力，质量的提高在某种程度上会给本馆带来更多的机遇，促使本馆快速、健康发展。

（三）从个人的角度来讲，满足了个人的阅读需求的需要

随着经济社会发展的加快，我们可以明显感受到生活、工作、竞争的压力

在加大，所以，未来如果我们想要提高生活质量，就要不断提高自我，而提高自我最有效的途径就是阅读、学习。同时，由于经济的发展，催生了很多新的产业，这也要求各馆要加快特色资源的建设以满足读者需要。当然，我们讲的图书馆特色资源，并不单指“他无我有”的图书资源，也包括一些新的服务模式、共享的服务资源等。

四、图书馆特色资源发展方向的确立

图书馆特色资源在决定如何建设之后，还需要对今后发展方向定位。特色资源只有不断建设发展才具有生命力，只有有所定位才不至于迷失方向。

（一）读者需求是特色资源建设的指向

一个图书馆特色资源的形成不是一朝一夕之功，它与读者需求紧密相关。实践证明，图书馆特色馆藏主要是在不断满足读者需求过程中形成自己独特的资源。因此，建设特色资源的过程，不能仅仅满足于对读者需求的表面了解，应当对各个群体、各个层次读者做深入调研和询问，将读者的需求信息在建设方案中得到较充分的体现。只有满足大部分读者的需求，我们建设特色资源才有归依和现实意义。

图书馆历来强调“读者至上”的服务宗旨，但是要做好读者服务工作，就必须先做好资源建设工作。个性化信息资源、特色信息资源是最容易满足读者需求的。所以说，特色资源建设的起点是建立在读者需求的基础上的，其最终目标的实现也是体现在满足读者的诉求上的。读者需求是特色资源建设最重要的指向。

（二）重点学科建设是特色资源建设的基础

以学科为依托是图书馆特色资源建设的另一个重要指向。信息资源建设，每一个图书馆都必须根据自身的服务对象，在资源收藏上分类以哪些学科为主、哪些学科为次，而重点学科资源的建设就逐渐转化为一个图书馆的特色资源的建设的基础。各馆重点学科的特色资源都是在一定的历史条件下逐步积累形成的，是具有相对突出而稳定的藏书体系。学科建设一旦形成特色资源，就应当进一步巩固、健全和发展，使之成为馆藏核心部分和主体部分，反映所在图书馆的藏书个性，代表馆藏资源发展的重要方向。

重点学科资源建设，必须兼顾不同档次、不同深度、不同目的的文献需求进行合理配置，建立一个有主有次、系统完整的特色藏书体系。

（三）特色数据库建设是特色资源建设的标志

图书馆资源库的建设大多都经历了建立回溯书目数据库的初始阶段，随着读者需求的日益多样性和个性化，书目数据库已远不能满足读者的需要了。在这种背景下，各种资源库相继问世，特色资源库就是其中一个载体。特色数据库是具有独特内容的数据库，它个性化强、针对性突出，得到用户的普遍好评。特色数据库的类型众多，基本类型有地方特色数据库（包括统计数据库、民风民俗数据库等）、学科特色数据库，以及各类型的专题数据库等。特色数据库建设是特色资源建设的标志，是图书馆资源创新的标志，也是特色馆藏构建的重要手段。特色资源建设，是信息网络时代给予图书馆发展的重要机遇。图书馆应从满足读者需求的视角，以区域特色、学科特色和专题资源库为依托，以联合共建为平台，循序渐进、科学地推进特色资源建设。

（四）图书馆印刷型特色资源的建设

图书馆印刷型特色资源多以书籍的形式呈现，一般由于其历史悠久、与某些历史名人或历史事件有关而具有较高的珍藏价值，而且这类特色资源由于数量有限一般还具有较高的收藏价值。

对于图书馆的印刷型特色资源，笔者建议应充分利用，以发挥其学术价值，当然也要注意对该类特色资源的保护，可以通过培养一批高素质的特色资源管理专业人员进行管理，聘请专家落实管理质量的监督工作。这样既能充分利用印刷型特色资源，凸显其学术及经济价值，又可使其获得可持续发展。

（五）图书馆数字型特色资源的建设

广义上的数字型特色资源建设既包括对纸质载体形式的数字化加工，也包括各图书馆购买和实际开发的具有学科特色的数据库。笔者认为图书馆数字型特色资源建设有利于各个图书馆传统意义上的特色资源的利用、保护和开发，故各个图书馆可以根据本馆具体情况选择部分重点学科、科研方向的，具有特色的馆藏资源进行数字化，建立特色数据库，并将其作为本馆特色资源建设的一个方向。

（六）图书馆服务型特色资源的建设

广义上来讲，图书馆服务型特色资源包括两种：一种是图书馆提供的日常服务，即我们所讲的狭义的图书馆服务型特色资源；另一种是图书馆为提高本馆资源效率而提供的个性化的、独有的、与众不同的服务活动。例如，西南民族大学进行的新生入学图书馆数字化资源使用培训等。另外，福州大学图书馆随书附盘的网络化管理也属于图书馆服务型特色资源的一种。

总的来看，目前国内的图书馆特色资源建设仍较多地专注于图书馆数字型特色资源建设，但图书馆数字型特色资源建设固然重要，却离不开一定的传播形式，也离不开一定的图书馆管理人员，故笔者认为，图书馆服务型特色资源建设不失为未来图书馆特色资源建设的一个方向。虽然图书馆服务型特色资源建设多属于数字型特色资源建设的服务性工作，但服务型特色资源建设不止于此，故各馆在进行图书馆特色资源建设时，可以把数字型和服务型特色资源建设相结合，当然，也可通过创新服务模式单独进行服务型图书馆特色资源建设。

第三节　图书馆开发特色资源的定位及途径

当前信息社会的到来使得信息呈爆炸式增长，过去传统的单一图书馆纸质经营模式已经无法适应时代的需求；同时，读者的思维也不再墨守成规，全方位地获取知识成为人类社会发展的必然，手机、计算机等一系列通信工具也为图书馆的特色资源建设提供了可能，文献资料的共治共建与共享时代已悄然来临。

一、图书馆开发特色资源的定位

一个图书馆的藏书特色应该是它长期面向特定服务对象而形成的文献资源收藏特点的概括。其形成根源是读者的需求，是“需求”形成了“特色”。这一规律说明，图书馆的藏书建设是以需求为导向、以特色为其文献资源结构的表现形式的。建立以用定藏的藏书体系，第一步就是对“用”的准确定位。

（一）以优势学科为依托，确定特色

在文献资源建设的过程中，每一个馆都必须根据自身的服务指向，在文献内容上明确哪些是必须收集、保存的，哪些是可以利用光盘或数据库及网上资源作为虚拟馆藏的内容，以满足不同学科、不同层次、不同深度的文献需求的。如何分清主次，确定重点学科，当然得从调查研究出发，根据所在单位的发展规划和学科队伍现状，摸清馆藏家底，并在文献资源体制的服务指向要求下，为文献的遴选确定符合本单位发展需要、自身服务功能和馆藏文献特色的入藏原则。以实践为例：在 20 世纪内，苏州医学院是归属中国核工业总公司的一所具有 80 年历史的老校。学校的放射医学专业是应国家核工业发展于 1964 年创建的，是国内放射医学、核医学、预防医学的主要教学、科研基地，这些都

为该学院图书馆特色资源的建设奠定了基础。另外有1个博士点、6个硕士点、4个省部级重点学科，承担国家核事故应急任务，师资力量雄厚，有博士生导师6名、硕士生导师20多名。该学院承担多项包括国家自然科学基金、国际原子能机构、联合国儿童基金，以及省、部级科研项目，是拥有代表性优势学科的院校之一。学校图书馆以《普通高等学校图书馆规程》为依据，在校图书馆工作委员会指导下，开展图书资源、现代信息技术服务手段建设。

（二）坚持特色，实现馆藏资源的有效配置

图书馆服务对象复杂，需要收藏的文献内容涉及面宽，在经费有限的情况下，如何在保证特色、坚持特色的前提下，实现各学科文献的合理配置，也是图书馆特色资源建设中经常面临的抉择。

各馆的特色馆藏都是在一定的历史条件下逐步积累形成的，具有相对独立的稳定藏书系统，一旦形成特色，就要巩固、健全和发展，使之成为馆藏范围的核心部分和主体部分，反映所在图书馆藏书的个性，代表馆藏资源的发展方向。

一个学科的馆藏结构不是一朝一夕可以形成的，需要我们遵循系统性、分层性原则，处理好特色资源建设与一般资源建设的关系，对馆藏文献资源建设进行系统的规划和合理的有效配置，通过多种收集渠道、多种信息载体、多种传递方法和多种技术手段来扩大馆藏、增加品种，充实馆藏文献信息资源。

作为信息资源中心的图书馆馆藏资源建设，必须兼顾读者不同层次、不同深度、不同目的的文献需求，注意文献的综合性、系统性，将不同学科、不同类型、不同语种的文献资源，针对不同层面的读者加以合理组织和科学配置，建立起一个有主有从，既有系统完整的基本藏书，又有丰富实用的辅助藏书，以及珍贵精良的特色藏书的系统、完整、全面的文献保障系统。

（三）开发网络资源，建立虚拟馆藏

网络的出现拓展了图书馆信息资源的获取途径，更新了人们对馆藏评价的观念，从只注重“拥有”，到更注重“获取”，这无疑是馆藏建设思想上的一次飞跃。现阶段，馆藏已由单一的印刷型向多类型、多载体方向转变，各馆加大了电子文献的入藏力度。在调整馆藏结构、优化馆藏质量的同时，还放眼网络空间，根据用户需求，对网上特定领域内的信息资源进行系统收集、整合加工，网络成为我们取之不尽的信息库。如系统收集网上有关本馆特色资源信息，进行信息重组，实现特色信息资源的增值服务；与有关图书馆签订网上信息传递协议，以及时解决重点学科、一般学科中本馆缺藏文献的需求等。在网络环境下，坚持实体馆藏和虚拟馆藏“两条腿”走路，有效解决特色资源建设中的问题，实现图书馆资源建设的跨越式发展。

（四）特色数据库——馆藏资源建设的创新标志

在全球信息网络的建设中，作为文献信息中心的图书馆，最能发挥其优势与特长，而最能反映自身价值的莫过于特色数据库的建设了。具有特色的数据库信息资源是图书馆信息资源建设的创新标志，是对馆藏特色信息资源开发的有力手段。图书馆应在资源建设的同时，遵循统一的标准和技术规范，注重特色数据库的研制开发，将馆藏特色信息资源由网络直接传递给用户，优势互补，发挥信息资源体系的整体服务功能。

建设特色资源，是信息时代赋予图书馆的责任和机遇，也是网络环境下图书馆充满生机和活力的佐证。这一任务关系到图书馆在新形势下的生存和发展，值得我们认真实践和探索。

二、图书馆开发特色资源的途径

（一）重视灰色文献的获取与利用，最大化丰富图书馆馆藏

灰色文献概指并非通过大众传媒渠道而取得的资料文献，这类文献大都不是一般图书馆或者高校所收藏的，并不能通过普通的购买渠道而获得，大都具有历史悠久或者取得渠道较为隐蔽的特点。这类文献能提供方向性较强、专业水平高、内容新颖、参考价值高的信息，因为不能通过正式发行的渠道购取以及网络获取而显得更加珍贵。这类文献种类包括历代传承资料、内部学术会议、项目科研过程研究报告、专利报告以及专业性很强的内部资料等。

（二）不同类型的图书馆根据自身条件确定特色资源建设方向

如果是面向社会开放的大型图书馆以及综合性公立学校的图书馆，建议应该向藏用结合方面发展，既要重视图书馆特色资源建设的专业深度，又要顾及广大读者对图书馆馆藏广度的需求，在图书馆特色资源建设的搜索系统方面更要注重专业化与简单化的同时并存，满足高精尖专业型人才和社会普通大众的阅览需求。而科研机构以及民办高校的图书馆，应当更注重“藏以致用”而非盲目扩大文献资源的数量，应当追求实用性与针对性。科研机构的图书馆特色资源应当主要围绕自身特长专业，辅以必需和相关专业的文献来建设。因为科研机构的专业性比较强并多不对外开放，其图书馆必然也相应地需要提升专业性和针对性来满足更高深的专业性课题研究。而民办高校，相对于综合性公立高校，其注重的是培养高素质的实用性人才，更重视实践与操作能力，因而过于抽象和笼统的文献并不能迎合民办高校的主流读者，“藏以致用”才应该作为这类图书馆特色资源建设发展的方向。

（三）提高利用率，杜绝资源利用死角

美国康奈尔大学在 2010 年所做的图书馆资源利用报告结果显示，有高达 40% 的图书从未出借过，即有很大一部分藏书并没有被真正利用。在图书馆特色资源建设的同时，我们应该反思这种情况出现的原因，因素之一是由搜索系统的滞后与搜索死角决定的，而并非这类书籍无人想借阅。这种文献借阅现状要求我们在引入数字化资源建设的同时，也要重视古籍书刊和期刊、孤本专业报告的利用方式。古籍的电子书库建设是我国图书馆特色资源建设的一个重要组成部分，由于古籍资料存在的物理形态的特殊性与文字的复杂性，我们所面临的古籍资料数字化还有很长的路要走，采取电子化、数字化的形式将其公之于众，使其有用武之地是必然而艰巨的任务，它的完成将通过互联网使全部读者受益，因此应当尽快进行。

“联邦式图书馆”又被称为馆际互借系统，馆际互借系统的开启有助于图书资源利用率的提高。当前我国的馆际互借系统已经部分启动，以武汉大学图书馆特色资源系统为例，它已经与北京大学、清华大学等知名院校的图书馆相连接，并与湖北省高校数字图书馆、教育部引进文科图书中心书库等相互衔接，在一个操作界面上能找到涵盖物理书籍、电子期刊、其他图书馆的信息等的链接，如果读者有馆际互借需求则将直接引导他们进入相应页面阅览。虽然馆际互借系统有助于实现电子商务的普及，节省纸张成本、提高资源利用率，然而笔者认为，馆际互借的界限应该相对明确，即当进入借阅系统进行浏览的图书达到一定频率或者次数的时候，该馆应当直接购入该图书，减少不必要的借阅成本开支，为读者提供更便捷的服务。

（四）引进读者决策采购机制，将图书馆新购决策机制渗入

同样我们引用康奈尔大学所做的图书馆资源利用结果报告，只有 22% 的图书馆藏被两次以上利用；同年，美国的“大学和研究图书馆协会”公开发布了名为“未来大学图书馆的十大发展趋势”的调研结果，该结果显示，“馆藏的增长取决于用户”在众多趋势预测中居榜首。这一现象向我们展示了将公众参与机制引入图书馆特色资源建设这一重要突破。掌上电脑（PDA）在美国被称为读者决策采购机制，根据 2010 年对全美 250 所图书馆的调查，已经有 32 所美国大学的图书馆开始实施此机制，另外有 132 家图书馆已经着手筹备实施。读者决策采购在 2011 年引入我国时被称为“按需购买”或者“需求驱动采购”，它参照了馆际互借机制，但更加倾向于电子化阅读服务，其运行原理是先设定预购书籍的纲目或计划，在未向书商付费的情况下向读者公开书目以供点击阅

读，在读者的数量、时间、次数达到一定标准时，馆藏搜索引擎就会自动启动该书的建议订购系统，将读者的需求向图书馆管理者报告催促其向书商购买或者租借。各类电子书各有其触发建议订购系统的标准而非千篇一律，保证了专业性强和大众读物的合理量化。读者决策采购机制革新了由图书馆管理者没有指向性盲目购书的旧传统，避免了由管理者依靠片面预测来购物而造成的供求错位，没有时滞与浪费，在美国受到了读者的热烈欢迎。

读者决策采购机制能够得以推行的重要因素是信息技术的发达与电子商务的兴起。掌上电脑的实施将会为读者剔除之前存在的捆绑销售，提供单本、单篇的阅读，更加精细、及时和高效。

（五）强化特色意识，加强特色馆藏建设

要把图书馆的特色化建设纳入学校发展规划和工作日程，有计划、有步骤地实施图书馆特色化建设，保障购置特色文献的经费，组建特色文献采访小组，发动全馆各部门人员和读者关注并参与这项工作。

科学定位，确定服务功能。给特色图书馆以科学的定位，明确其服务功能、服务对象、人员结构等。充分挖掘特色资源，在资源内容的开发上，要细致、深入、全面地挖掘特色资源。

图书馆要加强特色馆藏建设，必须与院系资料室联合起来，各院系根据各自的特色文献资源，参与特色馆藏的建设，广泛地开发特色馆藏资源，整合特色文献资源，充分发挥各部门的优势。

（六）依靠先进技术，建立特色数据库

当前，图书馆的发展趋势是建设数字图书馆，高校图书馆要充分利用数字化技术，立足对现有特色文献资源的开发和利用，建立特色文献资源数据库。学校特色资源包括本校师生撰写的学术著作、论文、教材、教参、讲义、研究生学位论文、在本校召开的学术会议文献等。这些都是有研究价值、独一无二的学校特色资源。这些特色资源的收集需要学校全体师生的参与，高校图书馆需要做好宣传，鼓励本校全体师生参与特色文献的资源共建。

特色资源是真正具有共享价值的资源，实现资源共享能使特色数据库的价值得到更好的体现。在共享的过程中，一方面为他人提供方便，另一方面也丰富自己的资源，这是“双赢”的局面。要继续争取政府和相关部门的支持，使其了解到特色数据库的建设对地方经济和社会发展的积极作用，争取政府立项和财政专项支持；还要加大特色数字资源的宣传力度，引入市场机制，争取社会各界对其投资，吸引社会资金。

（七）建立学科馆员制度，选择高素质馆员

建立学科馆员制度，科学确立特藏方向。学科馆员制度作为一种先进的办馆理念和全新的服务模式受到高校图书馆的普遍青睐。条件尚不成熟时，可从各院系聘请教师做学科馆员，负责资源购买、意见评价、院系联系等工作，为图书馆的发展献计献策。

基于图书馆丰富的馆藏资源，建设具有自身特色的网络数字资源以满足日益增强的信息需求，对扩大图书馆的知名度与影响力，从而提升图书馆的社会形象，体现图书馆的社会价值，具有十分积极的作用。随着社会、经济的发展，特色图书馆的建设必将取得更大的发展。

第四节　利用图书馆特色资源开展特色服务

在建立特色数据库时，各图书馆应根据自己所拥有的馆藏资源和地方特色来进行选题。公共图书馆的特色资源本身蕴含了其所在地区的文化气息和地方特色。图书馆建设特色资源，开展特色资源服务，对于该地区形成有特色的地方文化中心，弘扬地方文化传统，促进地区经济文化发展有重大意义。

一、图书馆特色服务的设想

（一）观念特色化

只有从思想观念上进行重大改变，才能真正认识到特色服务的必要性，从而真正开展特色服务。图书馆要在建设发展中与时俱进，根据各个层次读者的阅读需求和现有资源，联系图书馆自身的工作实际，制定出切实可行的管理措施，确立市场信息观念，建立开放性的全方位服务观。

（二）业务职能特色化

图书馆的基本业务就是为读者提供优质服务，在发展特色业务时，必须针对传统服务功能的单一和落后进行改进，加快数字化、网络化的建设，利用自身管理优势，优化服务手段。

1. 加强电子阅览室的建设与服务

为了更好地为读者提供多层次、多载体的文献信息服务，很多图书馆建立了信息检索中心。要突出服务特色，加强信息检索中心的管理和建设。信息检索中心实现系统化、网络化，通过计算机直接进行检索，能快速地查找出所需要的信息，极大地方便读者。进行个性化的设置，为读者提供信息资源、光盘、硬盘、电子图书（期刊）以及互联网信息资源等的查询、检索、咨询服务，并且实行免费上网的政策，18 岁及以上的公民，只要持有凭本人身份证登记的上网卡就可以在馆免费检索信息。这一制度的实施，赢得了广大读者的关注与支持。

2. 加强读者的培训工作

为了让读者自主使用图书馆提供的数字资源及计算机等电子阅览设备，提高数字资源及网络信息利用能力，顺德图书馆特开设“信息检索培训专区”，提供免费的计算机基础知识、上网基础知识及数字资源检索与应用的培训和答疑服务。服务内容包括：①现场指导读者预约的培训内容（基础知识）；②现场解决计算机、互联网应用过程中遇到的疑难问题；③通过现场、QQ、电子邮件等方式提供数字资源咨询服务。

3. 利用远程服务来更好地为读者服务

远程服务是指图书馆利用计算机网络，突破时间和空间的限制，提供远程信息服务。用户在远离图书馆的地方即可享受图书馆的服务（如使用在线 QQ 提供服务）。面对信息获取途径的社会化，图书馆除了应根据自己的优势，继续保持文献借阅、定题服务、跟踪服务、参考咨询服务，并组织读书沙龙、文化讲座、热点问题座谈、展览，提高图书馆的文化品位外，还可以根据需要组织作家笔会、组织专家编写有针对性的科技指导手册等。

二、开展图书馆特色服务存在的问题

（一）建设与服务水平参差不齐

我国各地区经济发展不平衡，地区存在差异，客观上也造成了不同地区的公共图书馆特色资源建设与服务水平参差不齐。沿海经济发达地区由于经济环境好，政府重视投入，每年都有一定的财政拨款来维持图书馆的硬件和软件的更新以及特色馆藏的建设与特色服务的开展。

（二）对特色馆藏资源的重要性认识不足，特色馆藏建设工作处于被动状态

一方面，一些公共图书馆在购置文献资源时，主要以周边社会群体的需求和意见为依据，片面认为这样做就是为读者服务，所购置的文献就是符合其要求特点的。因此在购置文献时，往往会有一定的片面性。另一方面，有些图书馆受各种因素的影响，在文献购置过程中对某方面的文献全面收集，主张“小

而全”“大而全”的原则。

以上两方面的文献购置方针都是不正确的，会使图书馆的馆藏难以形成结构合理、独具特色的资源优势。现在，世界各国的国家图书馆为了增加信息受众与本民族、本地域文化遗产的接触渠道，促进地域文化内涵在知识经济中的发展与成长，也已在本国政府的倡导下，积极开展特色文献资源的研究与实践工作。如美国的“美国记忆”、法国的“加利卡项目”等，都是通过大规模的文献数字化使其馆藏的特色资源得以保存和广泛传播的。

（三）定位不明确，对特色馆藏资源的开发难以适应本馆和社会的需要

作为历史文化遗产而由图书馆收藏的甲骨文献、竹简帛书、金石拓片、牒谱舆图及各种珍本善本，当然是图书馆的特色资源。但由于各个图书馆的发展历史和社会文化不尽相同，并不是每个公共图书馆都拥有这类古籍资源的收藏，而可能有一些自己特殊的有参考价值和收藏价值的文献。因此，公共图书馆应该把本馆特色资源定位于现有的地方文献资源或专题特色文献等方面，以“人无我有、人有我多、人多我优”为特色资源建设目标。如顺德图书馆有“李小龙与中国武术”特色资源，分别介绍了李小龙的故居、生平介绍、所获荣誉、电影作品、生活剪彩等方面。

第八章 图书馆特色资源建设成功案例

图书馆是为人们提供阅读与交流的场所，也是彰显地方文化特色的地方。每个区域都会形成各具特色的图书馆，同时这种特色文化也是图书馆特色资源建设的内容，将地域文化以及独特的、仅有的文化资源进行全方位建设，从而成为特色资源，能够为文化的传承、图书馆的价值提升、更大程度地满足客户需求奠定基础。

第一节 上海财经大学图书馆“500强企业特藏”建设

作为上海财经大学产学研项目的组成部分，该校500强企业文献资料特藏馆于2007年开始建设，5年的发展已收集包括795家中国企业的简介、媒体报道、学术论文等40万余条相关资料。“500强企业特藏”是对中国企业联合会、中国企业家协会每年评选出的中国500强企业进行数据收集、汇聚进而形成的特色资源，主要分为两个部分：一是网上数据库，用户通过互联网可以访问、浏览、检索网上资源；二是实体资源，围绕500强企业这一主题，特藏馆特别开设了近3000 m^2 的“知识共享与创新空间”，包括企业展览区、多媒体研讨区和读者学习区，用户可以在这里查阅由企业捐赠的内部出版物和馆员自编的企业专题资料，以便展开研究讨论与学习。

一、特藏馆专题特色分析

500强企业文献资料特藏馆建设初期目标定位于“资源整合”，主要着眼于馆内资源与网络资源的整合，以网上内容的信息服务为主导。网上数据库的利用是500强企业文献资料特藏馆提供利用服务的主体，下面将从数据、服务和用户3个方面分析其专题特色。

（一）数据分析

中国企业500强榜单从2002年开始发布，上海财经大学图书馆“500强企业特藏”项目始于2006年。在最初的两年，项目组采用招聘学生助理馆员、调用全馆年轻馆员加班的方式补充了历年数据。而后，其数据更新争取与500强企业榜单的发布实时同步。在完成已入榜企业的建档后，该馆特藏项目组会在新的500强企业榜单发布后，对照历年榜单，整理新进企业名单。在数据库建设上，该馆定期向中国企业联合会购买500强企业数据，并通过各种渠道收集新进榜单企业的信息，为这些企业及其企业家建立数据档案。截至2012年，500强企业文献资料特藏馆中的500强企业已达到794家。另外，该馆还向新进榜单的企业发出征集企业内部出版物的信函，部分企业会把内部刊物定期寄至项目组，这部分资料是特色馆藏的重要组成部分，是企业对自身成长历程中管理方法、发展战略的总结，对研究具体企业案例有重要的史料价值与参考价值。例如，2011年新进500强榜单的山西国新能源捐赠关于企业发展历程资料8种，这些关于山西国新能源的文献资料都没有公开发行，研究人员可以利用这部分资料进行能源企业的案例研究。

在企业档案建立后，每个企业的相关数据来源又分为两个部分。一是馆内购买的财经类数据库，如中国期刊网、万方数据库、万德数据库、巨灵财经数据库及中经网统计数据库等，其资源类型分为企业的媒体报道、研究论文及统计数据等。这类数据库中企业信息含量大，数据来源可靠，一般采用全文录入的方式。二是互联网信息，包括企业门户网站上的内容，以及通过搜索引擎对企业相关信息的检索结果的整合，这类数据的录入要经过审核才能入库。

500强企业文献资料特藏库是根据500强企业榜单对其文献信息资源进行搜集、整理的信息集合。从加工深度看，先搜集网上的“一次信息资源”，其资源类型包括企业的描述、媒体对企业的报道、企业产生的信息资料以及公司季报、半年报、年报等；而后馆员根据500强企业的名称、行业、地区进行元数据著录，形成“二次信息资源”，作为引导用户使用500强企业资料的目录、索引等检索工具。从形式上看，500强企业文献资料特藏库的数据遵照数字图书馆著录的标准，采用通行的核心元数据格式著录。从内容上看，500强企业文献资料特藏库的学术性、研究性更为突出，尤其该校500强企业研究中心每年定期向社会发布500强企业竞争指数及具有该校专家特色的数据。

（二）服务分析

信息服务、情报服务、知识服务是数据库提供的三大服务，这3项服务凝结了图书馆工作人员的劳动与智慧，能够帮助用户在泛知识环境下准确查找目标信息，并根据知识联系检索到相关的知识集合，从而提高用户的工作效率，节省用户的时间。

在该馆500强企业特藏门户网站，主要提供两类信息，一是500强企业的相关信息，二是500强企业所属的行业信息，通过这些信息，用户可以了解到500强企业在总体经济中所处的位置、对社会的贡献以及具体的企业微观信息和企业家信息；也可以了解到500强企业在行业中的排名及竞争优势。500强企业研究资料是500强企业文献资料特藏馆的特色，通过高校图书馆采购的电子资源，500强企业文献资料特藏馆收集了历年来以500强企业为研究对象的会议论文、学位论文、期刊论文等学术类资料。用户可从多视角观察到一个企业的发展面貌、成长历程，并通过生动的个体企业了解中国企业的成长规律及行业发展轨迹。

在具体的浏览过程中，按地区分类聚合是500强企业文献资料特藏馆的特色之一，用户可以通过地区浏览信息，如上海市历年进入500强的企业、北京市历年进入500强的企业；也可以通过企业名称来检索，如查询“上海汽车”相关信息，检索结果是500强企业文献资料特藏馆中所有关于该企业的相关数据记录。在权限设置上，注册用户有权浏览和检索，会员用户享有下载权限，注册用户还可以联系管理员来进行权限升级。

在个性化服务的提供上，上海财经大学500强企业研究中心是500强企业文献资料特藏馆个性化服务的主要用户，服务内容包括行业专题的查询以及企业个体案例的收集、整理等，如世界范围的高新装备制造企业的查询，民营企业的国际化、产业链整合与创新等。另外，学校设置的某些课程的学生学期报告会以500强企业为例，500强企业文献资料特藏馆也开展类似的专题服务。

（三）用户分析

资源建设与服务开展都离不开对用户需求的准确把握。用户定位决定了资源的选择标准，进而也界定了服务的内容。在一个数据库产品开发初期，用户需求的定位分为用户定位与需求定位两部分；目标用户的锁定对于产品的整个开发流程都至关重要。该校500强企业文献资料特藏馆努力要建成学术研究的资料库、课堂教学案例库、企业决策的信息库，以期为国内企业及政府决策管理、研究分析的科学性及前瞻性提供文献保障。

对于500强企业的关注，普通用户会聚焦于排名、公司的介绍及其相关的新闻报道，而研究型用户则需要更微观或更宏观或专题性很强的信息。其中，更微观的需求是指用户需要深入了解企业个体的信息，如企业经营的相关数据、股权激励方案等；更宏观的需求是指对于世界、国家经济走势及各行业发展态势的信息，如高端装备制造业；专题性很强的需求指企业发展过程中的共性问题的信息，如国际化，产业链整合、并购等。

高校图书馆在面向校园用户提供信息保障的同时，也肩负着向社会用户服务的责任。500强企业文献资料特藏馆的主要用户是该校500强企业研究中心，向其提供研究支持，从而为社会服务；同时也面向企业用户和各级政府用户，满足其对企业研究资源的需求，为其决策提供文献信息的支撑与保证，然而，随着互联网应用的不断深入，数据库的信息组织方式、用户阅读体验都发生了翻天覆地的变化，大众标签、移动阅读这种新的信息组织与利用方式成为时代潮流。在新技术与新应用的冲击下，500强企业文献资料特藏馆的特色正逐渐被边缘化。尤其在与同类内容数据提供方的比较中，更难以突出500强企业特色资源的优势。

提供企业信息的数据商竞争优势越来越明显，他们具有人才、技术和工作机制上的优势，所提供的企业信息产品时效性更强、情报价值更高，且更具有多元化的分类体系、灵活的用户体验机制。500强企业文献资料特藏馆在数据粒度、数据综合能力上都越来越难以与其竞争。挖掘新特色、提升竞争力、开发新价值正在成为该馆这部分特色资源建设不可回避的课题。

二、适应时代发展的特色资源价值开发策略

进入21世纪的第三个10年，图书馆的发展正迈向复合图书馆的高级阶段，电子资源与相应的服务逐渐成为图书馆馆藏与业务的主体内容。国内高校图书馆在其电子资源所占馆藏比重不断扩大的同时，开展“走进院系、遍访学者”的学科化服务。特色资源的建设应顺应此趋势，通过改变指导思想、制定新的业务原则、开发新的技术标准进行特色再造。再造是将组织元素的顺序重新排列、组合的过程。图书馆再造是在元素本身变化的前提下将人、资源以新的方式进行排列。

该馆500强企业特色资源开发在二期建设中充分考虑了新时代馆藏内涵的变化、馆员价值的塑造与服务边界的扩展，通过与专家合作，建立了新的特色资源入藏标准，并将入藏与学科化服务相结合，将与企业相关的校园服务过程积累，成为真正意义上的特藏，即“藏他人之所未藏”。

在大力开展网上服务的同时，图书馆还应重视“场所”的功能。吴建中提出，

“空间也是一种资源”，图书馆不仅要成为“研究的场所”，而且要让其发挥“表现的场所”的功能。在具体的特色资源建设中，图书馆应将特色资源利用与空间的开发结合，将特色资源与场所、馆员“共享”给用户，建立企业信息共享空间。

（一）确立特藏资源的校园价值，建立500强企业案例库

哈佛大学商学院图书馆自2008年以来调整了目标和策略，在其确认的目标中，与教、学、研的紧密结合是放在首位的。鉴于此，上海财经大学图书馆500强企业特色资源对于教学内容的支持，应集中于案例素材的提供上。

经过网上调研，该校80%的精品课程需要案例的支撑，而企业类的案例所占比重很高，如产业经济学、市场营销等课程的90%的案例都与企业有关。而在科研过程中案例的使用也很多，该校500强企业研究中心的课题也需要专题案例的辅助论证，如企业创新、国际化、企业并购等。

2012年5—6月，对到馆用户开展上海财经大学图书馆企业资源需求调查问卷的结果显示，50.51%的受调查用户认为企业案例对“教、学、研”有较大帮助（见图8-1）。因为企业案例不仅能提供真实的课堂环境，案例中的真实问题情境也能激发学生的学习兴趣，更重要的是可以通过对案例的思考和分析，提高学生分析问题、解决问题的能力。

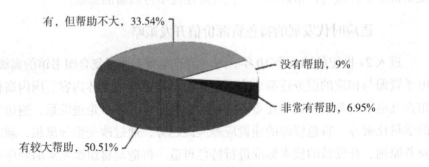

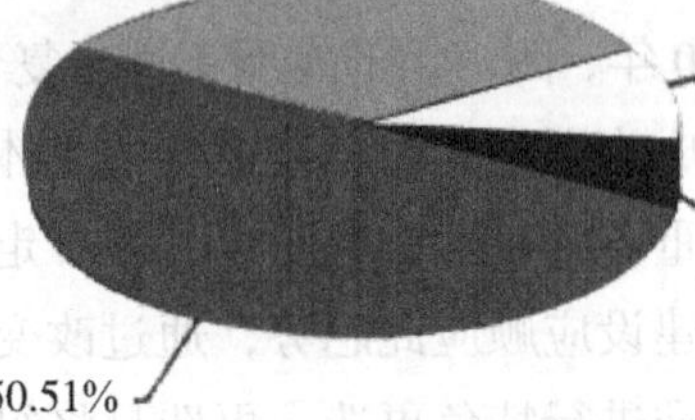

图8-1　企业案例在“教、学、研”中的作用

500强企业特色库的校园价值首先在于为“教、学、研”服务，企业的财经类高校案例库建设能够切合此需求，为特色库建设找到新的生长点。笔者认为，500强企业本身是各行业的典型企业，每个企业发展都能体现出行业发展的规律及产业成长周期特征，案例素材库开发能够体现500强企业特色库的价值。而将企业案例改编为适合教学的课程则更能体现资源的竞争力。

在具体案例库建设的过程中，前期应采取学科联络人制度，逐渐向案例库

学科馆员制度过渡，在学科化服务过程中与院系合作，以课程为突破口，学科联络人主要负责收集具体课程对案例专题的需求，做到一切从用户需求出发。

（二）注重知识发现，建立500强企业专题导航库

云计算时代，图书馆的功能逐渐由“藏”“用”向“导航”“发现”过渡，图书馆成为资讯建立检索点并为使用者提供服务的机构。特色库除了拥有一部分“人无我有”的原生资源外，还应该是检索点的集合，提供目标文献的存取链接（并非一定要提供全文）。

500强企业专题导航库将更为实用，它将相关信息以专题、出版形式分类聚合，提供相关信息的知识地图，为用户实现知识发现功能。例如，可以建立以“500强企业”为专题的虚拟书架，其实质是学科导航的分支。任何一个专题的知识信息在图书、期刊、报纸中的分布各有其特点。其中，图书主题突出，知识内容完整、系统和成熟；期刊的内容广泛，知识新颖；报纸的优势体现在时效性强上。500强企业特藏首先是图书资料目录的收藏，这也是科研服务的基石。高校图书馆可以通过对其馆藏、国家图书馆、超星图书馆的主题检索，将属于500强企业范围的图书进行目录整理，并给出纸质图书的馆藏地信息，本馆没有收藏的则提供馆际互借服务，如有电子版的则直接给出链接地址。除了虚拟书架，还有核心研究机构、核心研究专家的导航揭示等。

（三）开展资源合作，建立以企业命名的特藏信息空间

中国民航大学图书馆在与企业合作建设特藏方面做出了有益的探索，从2003年开始，相继与美国波音公司、欧洲空中客车公司、法国赛峰集团合作建设了3个以公司命名的特藏资料室，对该校的教学模式、人才培养和科研起到了极为重要的文献资源保障作用。

500强企业特色资源的特色之一在于资料的真实性、独特性，但目前数据库中大多信息为脱离企业采集的数据，除了企业捐赠的内部出版物之外，原始信息过少。建库初期曾将目标用户定位于企业，但由于数据的非直接采集，使面向企业的信息服务没能得到很好的开展。借鉴中国民航大学图书馆波音和空客资料室的成功经验，高校图书馆可以成立重点会员企业的特藏资料室，如宝钢特藏资料室、上海汽车特藏资料室，这样一方面可以解决特色资料来源的问题，另一方面也将企业引入校园，为案例教学提供真实范例。

在特藏资料室的基础上，高校图书馆还可以将企业信息资源、学校的教学资源和图书馆的云计算空间结合，建设的特藏资料室将不再是传统的资料室，它不仅提供资料查阅服务，更是企业发展的微型信息空间，是包括所有可获取的关于企业的信息集合体。在这个空间里，用户可以通过网络方便、无障碍地获取广泛的内容，其内容不仅仅局限于传统资源，也应包括灰色文献、商业化信息等多种形式的信息，同时还可使用企业信息的检索、组织、分析和挖掘集成工具，用户最终可以获取经过加工的、有一定格式的目标结果集。

企业特藏信息空间可以成为企业案例教学、科研的实践场所，它是信息共享空间的新使用方式，是企业信息环境的构建，可成为学生学习企业专题、科研工作者进行学术研究的理想空间。

上海财经大学图书馆企业资源需求调查问卷结果显示，用户对于企业信息的需求与使用方式还应与场所结合起来。这就要求图书馆不仅要建设企业案例库，还应提供使用案例的空间与场所，19.62% 的用户建议为案例讨论小组提供研讨室（见图 8-2）。

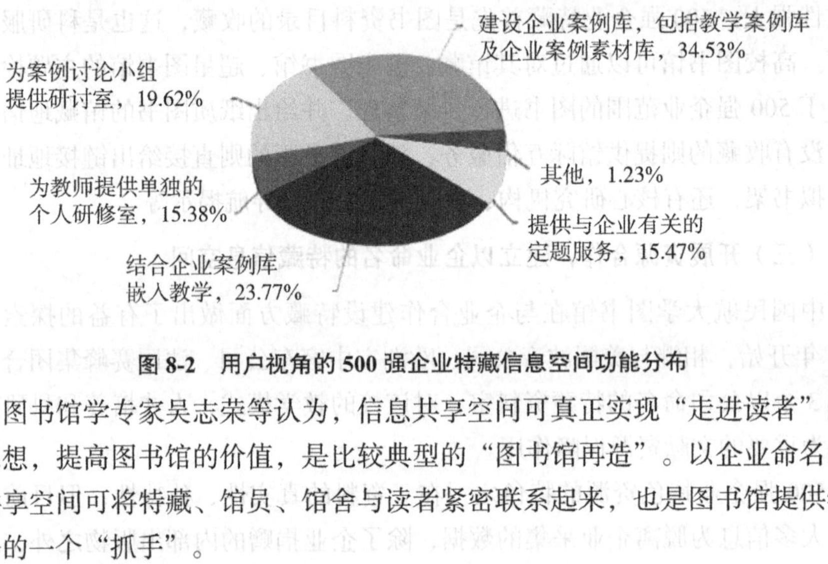

图 8-2　用户视角的 500 强企业特藏信息空间功能分布

图书馆学专家吴志荣等认为，信息共享空间可真正实现“走进读者”的服务思想，提高图书馆的价值，是比较典型的“图书馆再造”。以企业命名的信息共享空间可将特藏、馆员、馆舍与读者紧密联系起来，也是图书馆提供学科服务的一个“抓手”。

500 强企业特藏的特色挖掘离不开校园信息环境构建这一主题，高校图书馆应围绕企业信息，建立企业案例库，突出“教、学、研”的专题特色，利用导航库对网络资源进行有效组织，帮助用户快速、便捷地获取期望资源，更可以利用企业特藏信息空间，在体验真实企业运作的过程中，达到信息共享与创新的目的，将其在校园中的特色价值真正发挥出来。

第二节　公共图书馆红色文化服务推广——以广西桂林图书馆为例

红色文化是中华民族优秀传统文化的一部分。公共图书馆在挖掘红色文化资源和传承红色基因方面起着重要的作用。新时代公共图书馆需要着力探索如何拓宽红色文化服务渠道、创新服务模式，让红色精神深入人心，实现其自身价值。

广西桂林图书馆作为广西壮族自治区省级公共图书馆之一，积极组织广西红色文化资源建设，开展多元化红色文化服务，充分发挥图书馆保存并传承传统文化的职责与使命。

一、红色文化服务推广实践

（一）嵌入党建工作，培育红色氛围

红色文化是不可磨灭的民族文化元素，更是中国共产党宝贵的政治财富。深入学习红色文化是党员保持良好政治意识形态的支柱，党建工作也可为红色文化资源搭建传播平台。广西桂林图书馆积极发挥红色文化在党建工作中的作风指引与教育意义，将自建的广西红色历史文化数字资源投放到“学习强国”平台，利用线上优质的党员学习平台拓宽服务群体，提高红色文化影响力，使红色文化融入日常党建工作和党员学习体系中，实现了红色文化资源建设的初衷，发挥了红色文化资源的作用与价值，培育了良好的文化氛围。

（二）发挥平台优势，讲好红色故事

广西桂林图书馆充分利用馆内公益讲座平台，定期邀请广西党史专家、红色文化研究学者进入高校、军营、社区，有针对性地开展红色文化讲座。如邀请广西壮族自治区党委党史研究室研究员走进高校，以讲故事的形式向师生做“三代伟人与广西”专题讲座，讲述孙中山、毛泽东、邓小平三位伟人在广西革命历史进程和广西近现代发展史中的重要作用，瞻仰领袖风采，培育高校师生的爱国主义精神。又如邀请桂林市兴安红色文化研究会副会长为陆军特战学院营区的全体士兵做“湘江战役与长征精神”主题讲座，用图文并茂的方式真实还原了全州觉山铺、灌阳新圩、兴安光华铺三大阻击战的场景，让官兵们深入理解湘江战役的精神，不忘革命初心和军人使命。

（三）社会合作办展，传承红色精神

广西桂林图书馆积极发挥公共图书馆集保存、研究、传承为一体的展览服务职责，与社会各界合作，收集红色素材，开办红色展览，传承红色文化，弘扬红色精神。在中华人民共和国成立70周年之际，广西桂林图书馆联动社会力量，与中国田汉研究会、田汉基金会、桂林市文学艺术界联合会、桂林博物馆、广西抗战文化研究会、桂林抗战文化研究会共同举办了“为了前进的事业——田汉生平事迹展”。展览收集并整理了200余幅具有历史价值的珍贵史实图片，配以著作、报纸、手迹、书信等田汉先生代表作品实物，真实讲述了田汉先生在抗战时期为我国文化宣传事业所做的贡献和以笔从戎的革命故事，追忆了田汉先生的革命历程，让群众从一景一物和人物生平中真实感受革命先辈执笔为枪、在文化战线上奋勇抗战的革命精神。

（四）创建红色服务阵地，积淀红色文化

广西桂林图书馆作为公共文化服务机构之一，秉承保护和传承文化的责任，积极创建红色文化服务阵地，充分利用馆藏优势，着力挖掘广西革命文献资源，以馆藏抗战文献为依托，全面开展桂林抗战文化历史资料的搜集、整理、保存、开发和利用工作，精心打造了“桂林抗战文献中心”，为学习、宣传、研究桂林抗战文化提供专业化文献服务保障。此外，广西桂林图书馆在馆内阅览室、馆外图书流通点不定期设立红色文化类图书专架，推荐红色特色书籍，营造红色阅读氛围，引导读者阅读红色图书，将红色阅读向全民化推进。

二、公共图书馆红色文化服务推广路径

广西桂林图书馆的实践案例是当下公共图书馆开展红色文化资源建设与服务推广工作的映射，可以将其作为参照进行思考。公共图书馆在红色文化建设与服务中虽有一些成果，但仍存在一些不足，如红色资源建设形式以传统的多媒体资源库和系列专题片为主，不适宜向新媒体平台进行投放，资源实际利用率不高。又如红色文化的服务推广多为红色图书推荐、红色展览、红色经典诵读、红色文化数字资源展播等传统形式，创新度不高，缺乏趣味性，服务内容吸引力不足，品牌效应不够持久，用户获取红色文化知识的主动性不强，红色文化服务的体验感和红色文化知识的获得感不够充实。因此，公共图书馆在红色文化资源建设与服务推广两方面还需要不断改进和完善，以满足用户的文化需求，深耕红色文化服务的沃土。

（一）契合新媒体趋势，满足红色文化阅读需求

目前，公共图书馆红色文化资源建设方向主要以共享工程地方资源建设项目选题为指引，按年度进行申报、实施、验收和发布。截至 2019 年，全国公共图书馆依托共享工程共申报红色文化资源项目 121 个，建设内容涵盖红色人物、红色历史事件、红色遗址遗迹、红色故事、红色艺术等。资源内容较为全面，但资源形式与当下用户碎片化、多元化的阅读习惯契合度不高。公共图书馆在红色文化资源建设时应转变传统建设思路，更新并完善资源展现形式，使其适用于新媒体平台发布，契合用户的常态化阅读方式，满足用户随时随地快速获取信息的需求，提升红色文化资源的阅读频率。对已建设完成的红色文化资源可进行二次创作，将图片、文字、视频、音频等进行高效组合，优化资源内容，创新资源推送形式，提高红色文化资源的可读性，使红色内涵展现得更为完整，提升用户的感观体验，为红色资源的后续推广奠定基础。

（二）顺应文化旅游融合发展，创新红色文化服务模式

随着文化旅游深度融合进程的加快，各地政府逐步加大了红色文化旅游的推进。如桂林市在 2020 年政府工作报告中指出了要培育壮大以桂北 6 县为主的红色旅游发展带，打造全国著名的红色文化旅游目的地的建设目标。公共图书馆应突出馆藏资源和服务特色，将红色文化与红色旅游深入结合，创新红色文化旅游服务模式，打造能展现地域红色文化特色和红色文化内涵的精品红色文化旅游服务。首先，与相关旅游机构联合规划科学的红色文化旅游线路，突显地域红色文化元素，加大红色文化的传播力度。其次，向红色旅游景区投放图书馆的红色文化资源，使阅读与体验同行，增强红色旅游的文化内涵。最后，打造红色研学活动，以游带学，推进红色知识普及，突出红色文化教育意义，弘扬红色文化精神，培养社会主义核心价值观。在红色旅游体验后，由公共图书馆组织开展红色精神分享交流活动，辅以引导用户运用图书馆查阅红色文化书籍与资料，主动汲取红色文化知识，强化用户对红色文化内涵的认知度，深化对革命史实和革命精神的理解。

（三）联动社会各界，探索红色文化服务合作机制

红色文化是中国共产党领导中国人民经过长期革命实践形成的独特文化，对党组织的思想建设、政治建设、组织建设、作风建设、纪律建设和制度建设均有着重要影响。公共图书馆可结合自身优势，与各级党组织建立红色文化服务合作模式，根据各级党组织实际需求搭建红色文化学习平台，投放定制红色

文化资源包，联合开展党员专属阅读推广服务，设立红色文化阅读区，让广大党员多维度汲取红色精神的力量；深化与基层党组织和社区党员活动室的联建，将红色文化服务下沉到基层，扩大服务范围和效应，提高基层党组织的凝聚力和战斗力；与红色文化研究团体合作，共享红色知识果实，强化红色知识的普及度与认知度，为全民红色文化阅读提供科学化和专业化指引。公共图书馆与社会各界合作探索开展红色文化服务，不仅可以拓宽服务渠道，还可以激发图书馆服务潜能，使服务更具有多样性。

（四）引导全民阅读，创建红色文化服务品牌

红色文化作为中华民族传统文化的一部分，有着丰富的文化内涵、重要的历史地位和时代意义。公共图书馆应充分发挥推动全民阅读的文化职责，从阅读空间、阅读指导、阅读推广等多角度入手，创建红色文化服务品牌；规划红色阅读阵地，突显红色文化的特殊性与重要性，强化用户的红色文化阅读意识，为用户构建良好的红色阅读环境；提供红色阅读指导，以专业化的阅读视角对红色书籍进行分类推荐，为用户提供红色文化学习的科学指引；开展红色阅读推广，创新以红色文化为主题的阅读推广方式和内容，线上线下同步推进并持续发力；拓宽红色服务范围，扩大红色服务的辐射力度和受众群体，使红色文化服务提质增效。

第三节　图书馆创客空间特色服务——以长沙图书馆“新三角创客空间”为例

创新驱动是当今世界发展的主题，创新创造日益成为各国核心竞争力的体现。2015 年 3 月国务院办公厅《关于发展众创空间推进大众创新创业的指导意见》指出，未来要推广以创客空间为代表的众创空间的发展。在国家大力推进创新创业环境下，作为开发信息资源、参与社会教育的职能单位，我国图书馆界自 2013 年起就积极投身于创客空间服务实践。截至 2019 年 5 月，我国已有近 10 家公共图书馆、38.36% 的高校图书馆运营创客空间，而计划创建和试运行创客空间的图书馆数量仍在增加。

在图书馆创客空间案例研究方面，学者们对国外图书馆创客空间的典型案例开展研究，如以美国图书馆创客空间案例为素材，为我国图书馆创客空间的构建与优化提供方案和策略。随着国内图书馆创客空间理论研究与实践探索的不断加深，相关学者对我国当前运行的图书馆创客空间案例进行了多视角实证

研究，这对形成有效的图书馆创客服务基础理论、内涵体系和实践指导具有深远意义。但相较而言，我国学者对美国图书馆创客空间案例的研究内容丰富、体量较大，而系统研究国内图书馆创客空间具体做法、实践经验的文献数量不多，且存在选题面狭窄、内容纵深度不够、影响力有限等问题。

为了有效推动我国图书馆创客空间典型案例的宣传推广，分享具有中国特色的图书馆创客空间实践经验，本节以长沙图书馆“新三角创客空间”为实证对象，总结该馆在创客空间服务中形成的特色和经验，阐述其创客空间特色服务的构建途径、方法和内容，以期为我国图书馆创客空间的建设提供借鉴和启示，促进图书馆创客服务的提升与发展。

一、“新三角创客空间”特色服务

（一）特色服务构建

长沙图书馆“新三角创客空间”以图书信息资源、多元互动平台、创客文化为依托，通过开展系列活动逐渐成为公益性的创客基地、长沙创客的“创新金字塔”。

1. 服务思路

2014 年 6 月，长沙图书馆启动“新三角创客空间”建设，“新三角”的命名源于长沙图书馆位于新河三角洲（湘江与浏阳河交汇处）这一特殊地理位置，又寓意着对“科技 + 文化 + 创意”创新理念的倡导，追求更多可能元素的碰撞组合。

长沙图书馆“新三角创客空间”服务思路主要有以下三点：一是借助创客空间，引导更多群体从知识学习到实践思考再到创新创造，通过实践发现问题再回归至学习，将阅读、思考、交流、创造这一思辨过程串连起来，激发创新思维；二是利用创客空间充分发挥图书馆的创新服务功能，引导长沙市民利用公共图书馆的知识和资源，培养其创新意识和创造活力，挖掘他们的创造能力，满足市民对科技与文化融合发展的需求；三是通过创客空间深化公共图书馆的社会职能，使其由传统的文化传承转向对大众智慧开发的协助支撑，实现图书馆在新的历史条件下的转型与发展，使公共图书馆成为“双创”环境下文化创意产业发展中不可或缺的知识创新孵化器。

2. 服务途径

（1）精心布局空间与设备

“新三角创客空间”建设有 160 m^2 的免费 DIY 工作室，室内配置 3D 打印机、

3D扫描仪、数控雕刻机、激光切割机、工业缝纫机、小型五金车床、手持机床等近200种制作加工所需的设备；此外，还配有5间多媒体教室用于创客项目小组研讨、创意制作培训，以及两间报告厅用于大型讲座、国际创客交流会、创业项目路演，一间700 m^2的展厅用于中小型创作品展览。溯本求源，创客空间的雏形就是为人们提供一个空间平台来学习、制作、分享有创意的东西，“新三角创客空间”对场地、设备、工具的精心布局，高度还原了创客空间最原始的“工作室”状态。

（2）提供专业馆藏资源支持

“新三角创客空间”利用图书馆海量的文献信息资源、专业的文献咨询服务和阅读指导服务，倡导“阅读—思考—实践—再学习”的循环学习模式，以激发创造活力为基本定位，以馆藏海量文献资源为依托，为创客的研究和发明活动提供必需的技术资料、专利文献、数据图表等，为创客的创新和创造工作提供图书推荐、文献检索、信息咨询、项目跟踪、专利查新等专业化信息服务。

（3）搭建多元的互动式平台

“新三角创客空间”除为创客提供场地、工具、设备、资料外，还积极组织开展各类讲座、培训、专题研讨会，对接各领域专家学者、投资人提供技术指导和创业支持；为创客提供各类DIY培训、创新指导课程、创业法务咨询等日常专门性服务；并开展创意工坊、创意课堂、创意体验、创意展览、创客沙龙、创意竞赛等交流活动，打造集学习、交流、创意、制作、展示于一体的多元互动平台，为“双创”活动搭建桥梁。

（4）营造激发创客创新氛围

创客运动是一项人人可以参与、鼓励将创意变成行动的创新活动。为营造和激发这种创新氛围，“新三角创客空间”以多类型的创客活动，致力于帮助市民“玩创新”，让具有不同经验、背景、兴趣的创客们一同探究，激发其潜在的创新兴趣，并着力培养有潜质的创客小组和创客团队，为他们解决问题、分享知识、跨领域合作创造条件，促成众多思想火花的相互碰撞，以此创造出更多新奇的成果。“新三角创客空间”创新氛围的大力营造，实际是鼓励每个人都在图书馆这座知识之城里成为创造者，激发民众的创造活力，为长沙乃至湖南营造更为良好的创新生态环境。

3. 服务内容

“新三角创客空间”通过开展主题鲜明、内容丰富的系列活动，培养积累了大批忠实的创客粉丝。2017—2018年，“新三角创客空间”共举行活动111场，新增创客800余人。为全面展示其服务内容，通过官网、微信公众号、网络等搜集、选取并汇总其2014—2018年有代表性的主题活动，详见表8-1。

表8-1　长沙图书馆“新三角创客空间”系列活动（2014—2018年）

活动主题	时间	面向群体	主（协）办方
Arduino与智能机器人	2014.11	市民	长沙图书馆、创客志愿者（机器人竞赛教练）
3D打印带你穿越梦想与现实之间	2014.12	市民	长沙图书馆、医学工程师
Arduino玩转3D打印机	2015.2	创客、市民	长沙图书馆、创客志愿者
芳疗，感受植物的疗愈力	2015.3	市民	长沙图书馆、英国IFA国际芳疗师
涂鸦——一个让你创意不断的好习惯	2015.3	儿童、市民	长沙图书馆、创客爱好者（美国卡耐基梅隆大学交互设计专业、前IBM用户体验设计师）
小小创客——会说话的小伙伴	2015.3	儿童	长沙图书馆、创客爱好者
Arduino进阶之路	2016.8	经过培训考核的创客学员	长沙图书馆、Arduino导师
“创战计”星城创客大赛成果展	2016.10	市民、创客	长沙市文化广电新闻出版局、长沙市科学技术协会、长沙图书馆、长沙市科技活动中心
“柔软城市—文创长沙”主题设计	2017.6	市民	长沙图书馆、长沙理工大学设计艺术学院学生
一起玩个毛球——DIY小毛球	2017.6	14岁以上的创客	长沙图书馆、玛嘉朵手工坊
“纸与笔、感味长沙”	2017.7	市民	长沙图书馆、长沙理工大学教师
精益创业、从个人理想到企业战略	2017.7	青年科技工作者	长沙图书馆、长沙市云研网络科技有限公司
机器人即将霸占汽车制造业	2017.7	市民	长沙图书馆、长沙长秦机器人有限公司
创新方法训练营第一季招募	2017.8	亟待学习创新方法与思维的创新者	长沙图书馆、华天信息产业开发中心
2018！造起来	2018.1	各行业领域从业人员	长沙图书馆、创客志愿者

续表

活动主题	时间	面向群体	主（协）办方
长沙韵味——端午香囊	2018.6	市民	长沙图书馆、备忘工作室
“少年·中国行”传统文化体验活动	2018.8	外来务工人员子弟	长沙图书馆、长沙博物馆、长沙市文化广电新闻出版局等

4. 服务的组织与管理

（1）组织方式——实行社会化组织架构

“新三角创客空间”的运营采用社会化的自主管理模式，成立“新三角创客空间”管理委员会。长沙市图书馆负责统筹、协调、组织、策划，管理委员会负责协助图书馆进行日常管理与运行工作。管理委员会的成员除了图书馆馆员外，还有创客志愿者、投资人及来自各行业领域对创客文化感兴趣的市民。所有在创客空间提供过至少10次志愿服务的志愿者都可以参加管理委员会的职务选举，由长沙市图书馆及创客空间所有成员公开投票选出管理委员会成员。具体组织架构见图8-3。

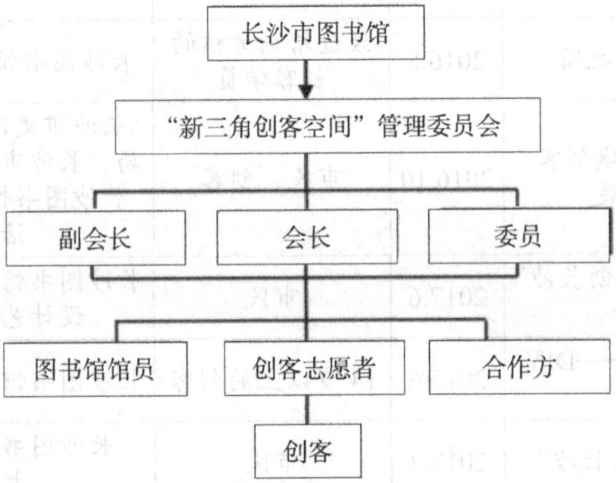

图8-3　长沙图书馆“新三角创客空间”组织架构

“新三角创客空间”通过管理委员会集结馆员、志愿者和合作方，整合科学、工程、计算机、艺术、设计等领域的人才，成立一个或多个兴趣小组，引导新手创客进行制作，协助图书馆开展创客服务，不断提升服务质量。这种借助社会力量参与创客服务以实现自我管理的模式在我国图书馆界尚属首例。

（2）管理方式——开展专门化管理

“新三角创客空间”对创客采取自愿参与的原则，注册登记后成为创客会员，凡加入的创客需遵守国家法律法规和长沙图书馆各项规章制度。空间日常管理主要依靠便捷的社交工具微信群、QQ群，发布信息、进行交流、处理创客事件，这对资料管理、创客沟通、群体研讨有很大作用。为保证创客人身安全和图书馆消防及财产安全，“新三角创客空间”采取专门的管理制度，创客拿取工具需在管理员处填写“工具领用表”，使用完后交予管理员进行归架。所有创客要经过专门的导师培训，考核通过才能获取“创客护照”并可自主操作数控雕刻机、激光切割机、3D打印机等较危险或较贵重的机械设备。参与Arduino入门课的创客学员在取得“创客护照”之后，方可参加进阶课程或其他课程的再进修。获得“创客护照”的创客志愿者为其他创客提供培训指导五次及以上，就可以无限制使用空间设备。日常管理的规范化、制度化既保证了创客空间服务的有序开展，也保证了创客“来有所学，学有所长”。

（3）协同方式——吸引志愿者参与

“新三角创客空间”的服务离不开专职馆员的全力投入、精心策划，而创客志愿者的支持和协助，是保证服务活动良性开展的重要手段。志愿者协同参与能使具有不同经验、背景、兴趣的创客们聚合、分享，使跨领域的合作创造成为可能。例如，2014年“新三角创客空间”筹备阶段就有20多名志愿者加入，他们在前期空间平面布局设计和构建、安全管理细则和安全管理系统的制定以及中后期活动的服务管理中均展现出不俗的能力素质。“新三角创客空间”通过两种途径招募志愿者：一是从长沙图书馆阅读推广志愿协会填表招募，遴选该协会中的志愿者；二是通过网络和媒体向社会公开招募，由图书馆依据专业背景进行选择。具有“双重身份”的创客志愿者既是创客又是空间活动的管理者，创客身份有利于他们了解创客需求，将创客、空间、管理与服务深度融和，对创客进行指导、培训；管理者身份弥补了图书馆专职馆员在人数、专业知识和技能方面的不足。

（4）激励方式——多重激励措施并举

为激发更多创客积极参与活动，表彰优秀参与者，“新三角创客空间”采取精神与物质相结合的形式，设置各类激励措施。如“新三角创客空间”参照深圳图书馆志愿者管理实行的“社会实践学分制”，鼓励创客通过空间活动和服务在图书馆修社会学分，并颁发证书；为帮助创客在空间平台上成长，设计初级、中级、高级“创客护照”证书，创客通过学习并经考核合格后，由长沙图书馆给予盖章认定；为方便管理，“新三角创客空间”与中小学图书馆合作，由学生所在的中小学图书馆根据其参与创客活动的次数和成绩给予盖章认定，再经长沙图书馆对学生积累的盖章数量进行总核，奖励免费使用创客空间3D打印耗材。此外，“新三角创客空间”还对有突出成就的创客和志愿者进行年度表彰："最佳创客"表彰积极参与创客活动的创客个人；"创业精神奖"则颁发给热心参与创业服务的创客；"创客导师奖"的奖励对象是不仅以创客身份参加实践，还能有效指导其他创客的资深创客；"优秀创客志愿者"授予深度参与创客空间管理服务工作的志愿者。以上奖励由图书馆颁发证书及文创纪念品。针对创客大赛获奖者则多采取物质奖励形式，如"中国创客大赛"由百度公司承担奖励费用，长沙图书馆与长沙市科学技术协会合办的"创客创业科技类比赛"的奖金由双方共同支付。

（5）合作方式——开拓多重跨界交流

"新三角创客空间"通过跨界交流促进创客项目孵化、创客项目拓展、创客文化宣传三大服务体系建设。2016年，"新三角创客空间"联合高校、专业机构推出"长沙城市文化创意设计孵化项目"，以打造项目式开放服务平台为核心，推荐优秀的创客团队入驻众创空间或科技孵化器，获得企业和政府的产品订单，协助对接融资项目服务；通过高端大型的交流、比赛活动，如东亚手作文化交流节、"创战计"星城创客大赛，大力推介创客研发的产品，并依托已崭露头角的文创产品与湖南省图书馆、湖南省博物馆实现成功对接；借助长沙图书馆总分馆制，深入分馆社区、长沙女子监狱、武警中队、各中小学等机构，让馆员讲授创客文化，分享传播创客知识。跨界交流满足了图书馆服务创新和升级的内在需要，形成了社会资源的优势互补，推动了知识服务与"双创"服务的资源共享，提高了图书馆创客空间的公共服务效能和社会影响力。

（二）特色服务分析

1. 形成九大服务板块

"新三角创客空间"不断摸索、调整、总结活动内容和方式，依据服务情况衍生出与社交、艺术、竞赛、智力、情感、培训、设计、阅读、传播相关的九大服务板块，其详细内容见表8-2。

表8-2 长沙图书馆"新三角创客空间"九大服务板块

序号	服务板块名称	内容阐释
1	创客分享会	创客之间交流经验、分享技术、展示作品，举办有特色的创意沙龙活动，邀请相关企业和优秀创客进行技术或产品展示分享
2	东亚手作节	以"地方再发现、传统再设计"为主题，邀请国内外优秀手作匠人交流探讨如何在传承的基础上加以再设计和再创新，将传统艺术与现代生活美学结合起来，开发文化创意产品。活动每两年举行一次，每次选取一门手工艺为主题进行文化交流

续表

序号	服务板块名称	内容阐释
3	“创战计”星城创客大赛	国内首个融合图书馆创客空间与科技活动中心的资源、面向全社会打造的零门槛创客赛事。大赛集聚和整合社会各界力量支持创业创新，弘扬创客文化，为创客们提供了学习、成长、交流、展示的舞台。除主体赛事以外，大赛组委会还组织了包含项目推介、展览展示、创业培训以及创客嘉年华等活动，提供导师、培训等资源，并对项目进行推广、融资，帮助参赛者实现无限可能的创想发展
4	小小创想家	针对儿童开展创意启蒙和实践活动，旨在通过提供启发性、智能化的创意制作课程，弥补传统教育忽视创造能力和动手能力的不足，激发更多少年儿童的创新意识
5	创艺生活	贴近生活和本土特色的手作类活动，如烘焙、园艺、缝纫、剪纸、雕刻、涂鸦等手工和感官体验活动，将科技和艺术的理念融入更多普通市民的生活，提高其知识技能，充实其精神世界
6	自造者工坊	由专业的创客导师进行技能培训，如开源硬件培训，对智能化作品的制作进行现场讲解指导
7	设计革命	与设计工作室、各大高校艺术设计院系合作，开展设计类创造活动，吸引社会设计人才和高校优秀设计专业师生，定期举行分享会、手作课、讲座等活动，通过展览、竞赛、发布会等多样化的线下交流形式，推介城市文化创意设计作品，通过创意产业的兴起赋予城市以新的生命力和竞争力
8	时光笔迹	以阅读为宗旨，以手账为工具，开展阅读手账课等，包括阅读指导、日常手绘、排版设计、生活用品再利用等内容，让市民在阅读、记录和手账 DIY 体验中学会编写读书笔记和读书计划，让生活与文字发生更多的化学反应。设置有符合大众偏好的多元化主题，通过选书、购书、读书、记录、活用这五个步骤，帮助参与者学会整理思维逻辑，加深阅读记忆，消化书本的内容，牢记每本书的精华，把书中的知识转化为自己的智慧，并运用到学习、工作和生活中
9	创客流动营	首创全国“图书馆创客文化课”，走进长沙图书馆总分馆、长沙市各中小学等场所，利用基地来培育更多的创客，通过展示国内外创客作品、“新三角创客空间”实践案例，充当图书馆创客文化传递者，让参与者了解创客文化、活跃创新思维

2. 构建广泛的服务功能

“新三角创客空间”依据九大服务板块的优势，满足了创客对“空间、伙伴、方法、目的”的需求，涵盖了目前图书馆创客空间服务的“科创、意（艺）创、文创”三大领域，构建起创客空间广泛的服务功能。

（1）创客群体跨度大，受众广泛

国内公共图书馆创客空间的服务对象多以青少年为主，如杭州图书馆的

STEAM 教育、深圳图书馆的 SCRATCH 编程、广州图书馆的“创阅空间·小小创客”等，服务群体偏重于学龄阶段的青少年。“新三角创客空间”将服务对象定位为 18 岁以上的成年人，但随着活动的深入开展和服务经验的不断加深，服务对象扩展至 8 岁的儿童创客以及 70 多岁的创客爱好者，涉及中小学生、大学生、高校教师、企业工作人员、科技工作者和普通市民等多个群体。

（2）为不同层次的创客量身订制个性化服务

“新三角创客空间”注重每一类创客的需求，尽职为不同创客提供个性化服务，如针对学生创客，重在培养其创新意识，普及、宣传、展示创客案例和作品，以智能化的创意制作课程启蒙心智，用创客文化课程引发创意思考；针对高校教师、企业工作人员、科技工作者等专业人士，提供编程技术进阶公开课，通过专业知识、科技技能和创业课程培训助力发展；针对普通市民，则以阅读推广和手工创作为主，让服务贴近生活，重在美育培养，充实其精神文化生活。

（3）积极融合众多社会资源，实现服务共建

“新三角创客空间”慎重考量图书馆在人力、物力及专业技能方面的短板，摒弃图书馆的“单打独斗”，强化与各类型机构的合作。如与高校设计类专业师生合作“创艺生活”项目，请专业技术领域的资深人士定期指导“自造者工坊”，这些均依靠广泛的合作群体来拓宽服务渠道。此外，还通过与同行和政府的对接，组织跨领域创客赛事，实施以创客空间为中心的创品展览，展示长沙创客成果，促进创客及其团队进行互动和交流；通过全方位聚力、“多管齐下”的服务手段，逐步建立以图书馆为主体的创客服务品牌。

（4）打造文化领域的“两创”名片，强化服务影响力

“新三角创客空间”以“创造性转化、创新性发展”为服务宗旨，运用展览、讲座、手工体验等形式，为创客提供公益性服务，以此激发社会正能量。积极构建创客文化公益项目，让来自不同领域的创客碰撞出创意的火花，用创意体验驱动创意产业，加强对长沙地方文化资源的合理开发利用。同时，重点围绕传统文化与现代文化衔接做文章，让更多人感受到传统手工技艺和纯粹的匠人精神，促进本地优秀文化资源的传承、传播和共享，重塑湖湘城市文化品牌。

3. 服务成效显著

长沙图书馆“新三角创客空间”自 2014 年成立以来已服务创新创业团队 87 家，开展各类创客文化活动 500 多场，累计参与人数超过 8 万人次，接待参观考察 92 次。仅 2018 年全年就举行活动 68 场，截至 2019 年 2 月，空间平

台上登记注册的各行业领域创客达 4000 多名。创客空间的服务活动受到《湖南日报》、《长沙晚报》、湖南经视、湖南卫视等多家媒体的关注和报道；2017 年 8 月，“新三角创客空间”获得文化和旅游部文化产业“双创”服务体系建设扶持资金的支持，并在实地检查中获得好评。长沙图书馆“新三角创客空间”能够取得良好的服务效果，主要基于两点：一是在服务活动的筹备、设计阶段能够预见图书馆创客服务能力所能达到的程度和效果，认真评估创客需求，在服务推广和实施阶段通过内部资源整合、外部多方协作，实现了服务活动在各类型合作机构中的纵深扩展；二是将服务落实到每一位创客，做到了解创客、亲近创客、满足创客、全方位服务创客，依靠扎实有效的服务活动协助创客完成创意论证、知识延展、能力提升、价值体现，直至商业落地。长沙图书馆“新三角创客空间”的服务活动启迪了众多群体的创新思维，培养了创新性人才，促进了知识增值和创新创业引导，实现了图书馆与社会发展的融合并进，体现了图书馆在创新型国家建设中的职能地位。

二、对我国图书馆创客空间建设与发展的启示

“新三角创客空间”的特色服务为我国图书馆创客空间建设带来了如下启示：图书馆创客服务应确立核心定位，凸出服务特色；应利用广泛的社会合作，完善“双创”服务体系；应以传播创客文化为己任，赋予图书馆创客服务生机与活力。

（一）巩固核心定位，强化服务特色

受国家和地方政府的大力支持，全社会各行业各领域均积极参与“双创”活动，图书馆加入这一领域开展创客服务，引发不少来自业内外的争论热议。早期图书馆空间强调的是静态学习，创客服务的引入实现了静态阅读和动手创造的“动静”结合过程并完整化，更加强调思辨式学习。对于这一变化，“新三角创客空间”实际上把创客空间作为发挥图书馆社会功能的平台中介，使其成为更多公众联系图书馆的桥梁和纽带，连接创客和“双创”服务，主动融入社会创新环境中，使图书馆在转型时期找到存在的价值和意义。图书馆开展创客服务并非要“喧宾夺主”变为专业的商业孵化机构，事实上也难以做到。图书馆创客服务的定位应该是聚集、接纳社会各类型创新者，为他们提供学习、成长、交流和展示的公益平台；利用图书馆公共文化宣传职能，弘扬创客文化，激发全民创新创业热情，推动文化与科技、阅读与实践的碰撞融合，彰显其他众创空间无法比拟的创新氛围和文化特质。另外，图书馆创客空间要强化显性

的服务特色，即零门槛地开展基础性、普及性的创新思维引导、创新意识培养、创客教育培训、创客平台搭建，让创客在图书馆服务中感受到艺术、文化、教育、科技等的创新体验，通过创客空间研讨、交流和实践探索得到社交、娱乐、休闲、创造的乐趣，体现出图书馆创客空间最大的功能和价值。

（二）开展广泛合作，完善服务体系

我国图书馆创客空间总体建设时间较短，其中一些图书馆因为缺乏清晰的职能定位和服务目标，加上经费和人力供给不足，造成了服务能力低、创客满意度低、服务效果差、进退两难的尴尬局面。经对从2017年10月至2019年3月国内已开展创客服务的图书馆的实地调查发现，目前困扰、影响图书馆创客空间服务的重要因素是创客专职馆员数量少和专业技术短缺，无法建立长期有效的服务体系。通过长沙市图书馆“新三角创客空间”的案例可以发现，创客服务不能“闭门造车”，要使创客人才培育与创客项目孵化等服务成功连接，必须融合广泛的社会资源，如可以采用PPP模式让更多的社会资本和资源参与进来。开展社会化合作能够引入更多的社会多元主体参与到图书馆创客服务体系建设中，能够解决图书馆创新人才短缺的局面，提高图书馆创客服务专业能力，帮助图书馆降低服务成本、提升服务效率，能够对图书馆创客服务体系建设产生积极影响。创客服务需要具有极强的前瞻性，要能突破固有思维方式，运用综合知识和新型技能去思考、解决问题。如果单单依靠图书馆内部的“自发式”服务很难突破困境，只有借助更广泛的外部力量，如政府、企业、团体、个人，以合作为服务基点，嫁接起多重互动与协助，建立从图书馆到创客、从图书到协作方、从协作方到创客三方共建机制，形成服务管理机制上的内、外部联合，彼此间取长补短，才能为图书馆创客空间注入源源不断的新鲜血液，使图书馆获得更有效的资源协助。这将有利于图书馆“双创”服务载体的范围拓展和升级，有利于图书馆创客服务生态体系的构建和完善。

（三）弘扬创客文化，树立服务品牌

创客文化是指以创客空间为载体，以创新为价值理念，在创客活动中形成的、被普遍接受并认同的文化形态和现象。我国创客文化建设相对薄弱，没有统一的价值导向，也缺乏普遍的文化认同感和归属感。作为公共文化服务单位，图书馆应借助创客空间服务加强创客文化的宣传和普及。“新三角创客空间”的服务实践印证了图书馆创客空间弘扬创客文化可以采取的多元途径和方式。第一，宣传普及创客文化。图书馆深入学校“第二课堂”宣讲文化创新，培育青少年创客，并利用成熟的服务经验指导基层单位做创客教育的普及与宣传工

作。第二，加强中外优秀创客文化的交流。图书馆创客空间通过举办创客赛事促进中外文化的碰撞与传播，不同的创客文化的融合，让创客深入领会到彼此文化的精髓，推动中外优秀文化资源的传承、传播和共享。第三，宣传地方特色创客文化。图书馆创客空间以地方文化为积淀，挖掘优秀传统文化资源，重点挖掘以地方文化元素为特色的智能创新产品、别具匠心的文创产品和科技产品，继承和发扬传统与创新文化，扩大文化影响力。第四，营造积极正向的创客文化氛围。图书馆创客空间积极营造创客文化氛围，引发社会各界对图书馆创客服务投以关注的目光，对图书馆创客文化品牌的打造及图书馆文化产业可持续发展起到关键的核心作用，创客文化氛围的营造也赋予了图书馆创客服务更浓厚的人文关怀，孕育出积极向上的创客精神文化家园。

第九章　图书馆特色资源发展展望

网络时代，面对多样化的信息选择，读者的需求也越来越多样化。平庸、雷同的馆藏不仅造成资源浪费，也不能满足读者的个性化需求，图书馆过去“大而全”的丰富馆藏服务于用户的优势正在被削弱。面对危机，图书馆除了需要不断在服务手段、服务质量上创新、完善，也要注重优化资源配置，馆藏的数字化、特色化正是大势所趋。一个图书馆在经过较长时间的信息积累后，可能在某一方面、某一学科或某一领域形成结构较为完整、内容较为系统丰富的特色信息资源，从而形成区别于其他图书馆，并能独立存在的基础。

第一节　区域图书馆的特色资源共建共享

近年来，加强区域图书馆特色资源共建共享在世界各地如火如荼地开展并取得了积极的实效。我国区域图书馆协作在近年也得到了广泛开展。上海市文献资源共建共享协作网是我国区域性跨系统图书馆合作的典型范例。天津市高校数字化图书馆项目、珠江三角洲地区公共图书馆网、江苏省的高等教育文献保障系统计划也都是我国区域图书馆资源共建共享的大胆尝试。

一、区域图书馆特色资源共建共享的重要意义

（一）有利于改变条块分割的现状

构建区域图书馆联合体可以打破图书馆条块分割的管理体制，尤其是不同系统图书馆之间的壁垒，体现“天下图书馆是一家”的理念。在区域图书馆联合体中，成员馆各司其职，发挥自身优势，又相互配合，无形中扩大了个体馆的特色信息资源储藏量，避免了对特色信息资源的重复配置，从而真正实现了区域图书馆特色资源的共建共享。

（二）有利于降低办馆成本

目前，区域图书馆特色资源配置不平衡，重复建设与资金浪费现象较严重。在网络环境下，要使一个区域内各个图书馆的文献资源建设尽快由自然发展状态逐渐变成宏观指导下的合理布局，减少不必要的重复，降低办馆成本，只有走合作馆藏建设和联合采购之路。

（三）有利于提供丰富的信息资源

区域性图书馆协作网的建立能有效地克服目前管理体制上的弊端，使各图书馆的藏书都变成区域图书馆间共同藏书的组成部分。它们都向区域内的读者开放，提高各馆现有特色资源的利用率，使区域内被分散的特色资源得到重新整合和优化配置，进一步提高整个地区特色资源的综合能力，有效地解决本地区信息资源贫乏的问题，充分发挥集体力量，产生整体效应。

（四）有利于推动区域经济发展

加强区域图书馆间协作，突破现有的条块限制，利用计算机技术，将区域内各个单一的、不同系统的图书馆在网络环境下连接起来，形成一个有序且层次分明、有特色的区域文献资源网络尤为重要。这种区域图书馆网络建设可以使单个图书馆变为开放式的图书馆，每个馆都成为网络中的一个节点，通过网络扩大流通渠道而共享所有的信息资源，在区域经济建设过程中发挥更大的支撑作用，从而推动区域经济的发展。

二、区域图书馆特色资源共建共享的主要内容

国内区域图书馆合作起步晚，但起点高，直接构建于网络环境下，在寻求稳定的资金来源、联合编目和联合目录、馆际互借和文献传递、参考咨询服务等方面取得了较好成绩。

（一）寻求稳定的资金来源

充足的资金是区域图书馆特色资源共建共享得以成功的根本保障。在区域图书馆合作体中，硬件的购置与维护，软件的维护与升级，新技术的开发与应用，电子资源的购置与使用乃至管理机构管理人员与技术人员的补充都需要有持续稳定的资金支持。这时，区域图书馆合作体就需要开辟多样化的资金来源，如申请外部资金的资助、要求成员机构共同分担购买资源使用权和创建新型共享资源的费用、付费使用等。区域图书馆合作体的经费无论是来自政府拨款、科研项目经费，还是来自民间捐款或成员馆交纳的费用，充足而又固定的资金都是区域图书馆合作成功运行的重要保障。

（二）联合编目和联合目录

为了减少重复劳动，提高书目数据库建设效率和书目数据质量，更好地促进编目工作的标准化和规范化，实现特色资源共建、共知、共享，区域图书馆通过网络开展联机合作编目，共享联机编目成果——联合目录。利用公共检索平台，实现区域成员馆的任何一台计算机终端，都可以在网上检索联合目录。

（三）馆际互借和文献传递

计算机网络技术的迅猛发展，为图书馆实现馆际互借和文献传递提供了良好的技术平台。馆际互借和文献传递服务主要是指应使用者的需求，由图书馆等资料供应者将需要的文献在适当的时间内，以有效的方式与合理的费用，直接或间接传递给使用者的一种服务。文献传递属于非返还式服务，是指向发出申请的图书馆提供本馆收藏的期刊论文、学位论文、会议论文、科技报告、专利文献、可利用的电子全文数据库等。传递的主要方式有：普通邮递、传真、网络传递等。馆际互借和文献传递目前已成为区域图书馆合作的基本业务形式。各成员馆都制定了不同的互借制度，规定了借书证的数量以及借书的册数、期限和其他具有限制性的条款。对于特种文献，如古籍、缩微品、视听资料等是否参与馆际互借，各成员馆则根据各馆情况自行制定。

（四）参考咨询服务

目前，基于数字化环境，联合各馆的专家，通过合作的方式，以收发电子邮件、网页表单或在线实时问答的形式，向用户提供不受时间、空间限制的虚拟咨询服务正成为区域图书馆共建共享的一种有效形式。区域图书馆联合体通过引进联合虚拟参考咨询系统，建立沟通咨询馆员与读者的桥梁，面向联合体内读者提供联合参考咨询服务，实现所有成员馆的联合咨询馆员在线联合办公，实时解答读者在使用数字图书馆中第一时间所发生的问题，从而为实现 24/7 的理想服务模式解决技术上的问题。

三、区域图书馆特色资源共建共享可持续发展的对策

（一）建立健全的政策和法律保障体系

区域内各类型图书馆由于受行政法制等因素影响而形成了“大而全”“小而全”的局面，在特色资源建设上重复建设、各自为政、资源利用低且缺乏统筹规划。因此，在这样的情形下，必须建立健全政策和法律保障体系，对区域图书馆合作的社会地位、经费保障、建立数据库的标准以及信息共享的运行机

制做出明确规定，进行宏观调控、统一协调、合理布局，使各馆的贡献与利益相互平衡，达到整体效益最大化，以确保各方利益不受侵害，保证广大用户能充分利用公共信息，平等分享特色资源共建共享的成果。

（二）联合采购

区域图书馆特色资源共建共享的宗旨就是为了节省经费、降低采购成本。2001 年 9 月，江苏省高等教育文献保障系统启动“数字化工程”，以集团方式采购电子资源，在江苏省内建立镜像站点，向全省高等院校提供服务。2010 年 5 月，全国高校图书馆数字资源采购联盟成立。图书馆联合体对于文献资源的“规模购买力”，通过集中有限的、分散的资金购买或获取更多的文献资源比单个馆更有能力获得优惠价，使图书馆联合体内单个馆受益，增强单个馆的实力，变一馆所藏为网络共有，既节约个体成员馆的资金，又避免重复浪费。

（三）加强区域图书馆网络建设

区域图书馆不仅需要通过互联网或城域网将区域内各图书馆联合起来，同时还需要建立一个区域内各图书馆之间实现特色资源共享的集群综合管理平台，实现基于互联网的对传统业务和海量数字资源的综合管理，提升区域内图书馆服务层次，增强区域内各图书馆的业务管理和信息传递能力。区域图书馆在网络基础上，通过互联网或城域网连接在一起，各图书馆将不再是孤立的、离散的点，而是互相之间形成网状结构，对外表现为一个独具特色的整体，对内则是相互关联的独立实体，读者享受的服务可以是全区域范围的，从而实现真正意义上的图书馆特色资源共建共享。

（四）加强特色馆藏数字化建设

区域内图书馆信息资源数字化建设就是采取科学的手段和方法，对各种信息资源进行筛选和整理，进行深层次的开发整合与重组。这个新的整合与重组绝不是一个个具体的图书馆数字化资源的简单相加，而是一个全方位意义上的一体化集成体系。在网络环境下，图书馆作为网络整体的一个节点，它的数字化建设应根据本地区的特点和读者需求，建立特色文献体系，建设自己独一无二的特色资源，逐步形成自己的独特性与权威性，使自身功能得到不断扩展与延伸。拥有若干个具有独特性与权威性的图书馆数字化网络集成，广大读者就可以共享一个开放且信息资源丰富、使用方便、结构一体的数字信息资源。

（五）加强数据库标准化建设

虽然在书目数据的存储格式上基本都采用国际上通行的标准 MARC 格式，

但是由于图书馆自动化系统的应用软件有很多是在没有统一标准和统一规划的环境下研制的，加上图书馆缺乏数字转换设备以及国内相对较高的通信费用的限制，造成全国很多独立开发的自动化集成系统缺乏联机编目和馆际互借功能，使得很多实现了管理系统集成化的图书馆无法与其他图书馆联网，这种虽然网络化但没有标准化的格局，严重削弱了信息技术给特色资源共建共享带来的巨大作用与利益。

在网络环境中，图书馆仍将是文献信息最重要的集散地。区域图书馆实现特色资源共建共享是一个庞大的系统工程，不是靠一个馆的力量就能完成的。因此，各馆必须继续解放思想、创新观念、抓住机遇、共同协作，冲破系统间的局限，充分利用网络技术和人力资源等优势，积极主动地将本馆的文献信息资源纳入共建共享系统中来，真正实现各图书馆的所有文献资源为全区域的图书馆共同享有，共同努力为振兴地区经济和社会发展服务。

第二节　图书馆特色数据库开放存取

图书馆发展指导思想，应以科学发展观统领全局为核心，坚持“提升内涵，创建特色”的理念，使图书馆成为当地的文献信息资源保障基地、科技创新支撑平台、信息服务窗口、终生教育场所，努力提高图书馆的综合服务能力，在更高的层面上推进各项工作更好更快地发展。而在这其中，特色数据库的开发利用应成为重要的任务之一。特色数据库应能体现具有本馆、本地区特色的文献和数据信息资源的总汇，集中收集各类专题文献建立起来的独具特色的、可共享利用的文献资源库。文献资源特色数据库建设是图书馆数字化建设的重要组成部分，是图书馆数字化资源建设的核心和发展方向，也是图书馆特色文献信息服务的基础。特色数据库的优势在于，它具有地方特色、资源特色或馆藏特色，可以满足特定用户的需求或用户的特定需求，为用户节省选择文献信息资源的时间和精力。

一、开放存取的含义与特点

（一）开放存取的含义

开放存取（Open Access，OA），“Open Access”一词原是图书馆界的术语“开架借阅”，“Access”有“检索、接近、存取”之意。随着计算机和互联网的普及，“Open Access”逐渐在信息领域得到广泛应用。开放存取是一种全新的学术出版与交流模式，是一种学术信息共享的自由理念与机制，它是学术界、出版界、图书情报界为打破商业出版者对学术信息的垄断与暴利，促进学术信息的广泛交流与共享而采取的一种运动。在这种模式下，任何人可以在任何时间、任何地方，通过互联网平等免费地获得和使用学术成果。它打破了学术信息获取的价格障碍和使用权限障碍，使学术信息能更快速、便捷地传播和利用。

（二）开放存取的特点

一是作者拥有原始版权。开放存取的兴起与科学成果自由传播运动有着直接的关系，而科学成果自由传播运动的起因正是反对将作品复制权从作者转移给出版商。在开放存取的环境下，保留了作者对其作品的原始版权。由作者而不是出版社来保留版权，允许用户不受限制地阅读、下载、复制、共享等。二是学术信息交流方便快捷。在开放存取模式下，可以实现作者、读者、编辑之间一对一、一对多、多对多的交流方式。科研人员可以通过网络自由发布、及时修改自己的研究成果，并和同行进行沟通交流，减少传统出版模式中的中间环节所花费的时间和人力、物力，提高学术交流的时效性，增进文献处理自动化程度，缩短出版周期，使学术信息的交流变得方便快捷。

二、开放存取对图书馆特色数据库资源建设的影响

（一）开放存取对图书馆信息资源建设的影响

开放存取资源作为一种新的网络资源，具有一定的学术价值，有利于学术信息的交流，不能被图书馆信息资源建设忽视。

（二）开放存取对图书馆信息资源共享方式的影响

开放存取环境下，打破了价格的阻碍与不同机构间的隔阂，信息资源免费向公众开放，使各类人员能够全面、准确、及时地获取最新的科研成果。这是一种新的信息资源共享方式，我国图书馆应该将其纳入自己的信息资源共享体系之中。

（三）开放存取对图书馆信息资源建设经费的影响

开放存取模式采取一种“作者付费（机构付费）、读者免费”的方式，在一定程度上缓解了“期刊危机”给图书馆带来的压力，可以减少图书馆信息资源建设的费用。

（四）开放存取对图书馆信息资源建设其他方面的影响

首先是质量问题，由于开放存取不进行内容方面的实质审查工作，只要求作者提交的论文基于某一种特定格式并符合注释规范要求，因此质量无法保证，必须建立严格的甄别机制。其次是著作权问题，开放存取不需要作者将版权转给出版商，作者可以长期保留著作权，以降低读者和信息服务提供者合理使用文献的限制。图书馆在为用户提供开放存取资源的同时，如果没有相应的保护机制，则很难做到完整地保护作者的著作权。

三、图书馆未来的应对策略

（一）积极宣传开放存取

对图书馆来说，应主动充当开放存取的宣传者和推广者。一方面对内部的工作人员加强教育和宣传，做到内部认识到位，广泛收集、积累有关信息资源，熟练掌握网络资源的分布情况及变化趋势，为有效地指导、帮助用户利用网络开放资源提供基础。另一方面应加强对外宣传和教育，除利用宣传窗、分发宣传资料等传统方法来推广开放资源外，还可以通过文献检索或“开放资源的分布与利用”专题讲座等对用户进行宣传教育，同时充分利用图书馆网站留言、论坛等，向读者广泛宣传开放存取这一新型学术交流方式及其重要意义，推荐开放存取期刊及开放存取知识库，在图书馆主页上提供开放存取期刊的列表和链接地址，积极鼓励研究人员利用开放存取期刊。

（二）积极参与开放存取活动

作为对当前日益商业化的学术出版方式的积极回应，1998 年 6 月美国研究图书馆协会（ARL）发起非商业化学术出版合作项目 PARC，它是由大学图书馆和相关教学研究机构共同参与的联合机构，目前其成员已经超过 300 多家，遍布北美、欧洲、亚洲和澳大利亚。它致力于推动和创建一种真正为科学研究服务的基于网络环境的学术交流方式，通过这些交流方式来探索开放存取的具体模式。

作为学术期刊的主要订阅者，我国图书馆和科研机构应该协调一致，在吸取发达国家开放获取经验的基础上，共同推动政府部门和相关机构制定相关的战略与政策，积极参与和发展学术信息的开放存取活动，促进我国的开放存取出版、科学信息交流和科学研究事业的发展。

（三）加强开放存取资源的整合与利用

发挥图书馆的特有功能，收集、整理互联网上的开放存取资源，将其编制在图书馆的期刊目录和相关数据库中，并在图书馆网页中建立链接，使用户在网上访问图书馆资源时能方便地了解和使用该部分免费资源。同时，将网上的开放存取期刊与图书馆订购的期刊进行比较和整合，删减现有馆藏期刊资源，以节省有限的书刊经费。

作为本地区文献信息中心地位的图书馆，无论从开放存取文献资源体系建设的角度讲，还是从为用户更好地提供开放存取文献信息资源的角度看，都十分有必要进行特色数据库资源建设。图书馆特色数据库的建设，应坚持自建与开发相结合的原则，以便充分利用他馆已建的特色数据库资源，这样不仅可提高特色数据库资源的利用率，而且可以充分实现图书馆文献信息资源的社会价值。鉴于目前图书馆（尤其像中小型地方图书馆）自建特色数据库时，可能会遇到人才、技术、资源等各种因素的制约，存在一定难度，因此在现阶段，图书馆除可自建特色数据库外，还可充分开发利用互联网上的开放存取特色数据库文献信息资源，为本地区用户开展特色数据库文献信息资源服务。在此过程中，图书馆对互联网上的开放存取特色数据库的开发利用，应本着特色、实用、免费、全文、IP 地址零限制的原则加以充分利用。

第三节　基于云计算的图书馆特色资源共建共享

一、云计算概述

（一）云计算的概念

所谓云计算，是指建立功能强大的数据中心，用户最大限度简化个人客户端，远程接入数据中心进行存储和运算。它是分布式处理、并行处理和网格计算的发展，是计算机科学概念的商业实现，是虚拟化、效用计算、基础设施即服务、平台即服务、软件即服务等概念混合演进并跃升的结果。业内专家称，这就像过去家家打井取水，现在则有了自来水公司，拧开水龙头就可以供应。

微软首席云计算战略官兼市场战略部总经理谢恩伟表示，云计算作为一种网络技术，能带来规模经济效益，也能带来个人使用者的最大便利，在信息资源共享管理中具有明显的优势。

通过云计算开发的各种产品能够实现远程服务。云计算作为新一代互联网计算模型，具有强大的计算能力和低成本、高安全、按需所取等特性，突破了时空和技术等各种障碍，创造出新的经济模式和服务方式，发展潜力巨大。最新发布的全球“云指数”显示，到2015年，传统数据中心占66%，“云”的数据中心占34%，但就增长率而言，传统数据中心是33%，“云”的数据中心是66%。

（二）云计算的优点

1. 拥有最可靠、最安全的数据存储中心

因为“云”会自动备份存储的数据。同时，严格的权限管理策略可以使用户放心地与用户指定的人共享数据。

2. 对用户端的设备要求低，使用方便

云计算能够为各种规模的组织显著地降低硬件和软件的维护成本。硬件都由云计算提供者管理，所以组织基本上不用再进行硬件维护，系统软件等也是同样的情况。

3. 能够实现不同设备间的数据与应用共享

随着网络化进程的迅猛发展，网络就像生活中的水、电一样，正在成为无所不在的生活必需品，唯有把数据放到网络上，才能随手可得。

4. 云计算的潜力几乎是无限的

个人和单个设备的能力是有限的，但云计算却能为人们使用网络提供几乎无限多的可能。当把最常用的数据和最重要的功能都放在“云”上时，只需要一台计算机或电子设备和网络连接就可以获取想要的信息。

二、云计算给图书馆特色资源共建共享带来新的机遇

众所周知，在当今信息时代，只有实现特色资源的共建共享，才是解决知识信息剧增与单个图书馆馆藏能力不足这一矛盾的有效途径，这已经在我国图书馆界达成了普遍共识。但是，图书馆目前采用的现代信息技术应用的局限性，制约着图书馆特色资源共建共享的进一步发展。如计算机及其配件市场比较混杂、升级换代频繁、通信线路传输速率低、经费不足等，成为制约图书馆特色资源共建共享的发展瓶颈。而通过研究发现，云计算恰恰能解决上述问题。

（一）实施经济方便还能避免数据库资源重复建设

云计算不但能解决升级换代频繁带来的困难，还能节约硬件升级及维护费

用。云计算的背后是有着强大能量的“云”，即网络连接和强大的网络计算能力，无限带宽网络能有效地解决信息传输过程中的带宽不足、速率低的问题。此外，在云计算环境下构建图书馆特色资源共建共享模式，还可以避免图书馆的资源重复建设，节约图书馆的成本，将庞大的异构资源有机地整合起来，提供统一平台，实现信息资源的全面共享。

（二）极大降低了用户的使用门槛和成本

云计算的核心是海量数据的存储和计算。由几十万台甚至几百万台计算机构成的计算机群，对信息进行聚合和分布处理，然后通过网络对用户提供服务。这样，用户只需使用计算机、手机、掌上电脑等终端设备接入互联网，便可获取需要的信息服务。甚至只需要一台笔记本或者一部手机，就可以通过网络服务来实现用户需要的一切，包括一些个人计算机无法应对的超级计算任务。

（三）有效降低了图书馆特色资源共享的安全风险

目前，阻碍图书馆特色资源共享的主要问题仍是信息安全问题。图书馆的馆藏数据库一旦感染病毒、设备损坏造成的数据丢失等情形后果不堪设想，而云计算的冗余存储、容灾机制能有效解决这一问题。云计算提供了最可靠、最安全的数据存储中心，用户不用再担心数据丢失、病毒入侵等麻烦，提高了图书馆特色资源的安全性。

（四）有利于缩减图书馆资源共享实现成本

在云计算模式下，个人计算机的定义将发生很大的改变，计算的架构从过去集中于个人计算或服务器的某一“端”走向“云＋端”。软件企业的业务模式从软件走向“软件＋服务”。图书馆将不必购买本地安装的自动化系统及开发软件，而由云计算提供商提供具体的硬件、软件和更新，降低了用户端的设备要求，用户所需要做的只是通过各种上网设备享受云服务所提供的自己需求的资源。可以想象，这种模式若应用于图书馆特色资源共享系统，将节约大量设备、人力等方面的投入成本，从而达到缩减特色资源共享成本的目的。使用过程中用户只需要通过互联网连接云计算中心，不必购买服务器和存储装置，不需要自行升级软件，也不需要专门的技术团队来维护数据中心的正常运行，从而降低了运行和维护成本。

（五）能实现特色资源的整合并兼顾个性定制

云计算的基础是整合的思想，采用统一的基础架构诸如硬件、软件、服务等，在对资源的利用方面不用考虑传输协议、数据结构等对特色资源的整合。简言之，在图书馆领域，各图书馆的各种编目信息、自建资源等可以借用一朵“云”统一结合起来，内容高度融合，用户通过网络获取他们想要的文献，但他们只需要关注获取过程本身，无须理会界面之后的繁复运作，各高校图书馆的特色资源将得到真正的整合和共享。几乎每个云计算服务提供商都提供了开放应用程序接口，把开放环境、应用程序运行环境、数据库环境等作为一种服务来提供给使用者，让使用者能够自定义开发更加适合自己特色业务的应用程序。

（六）有利于扩大图书馆特色资源共享范围

目前，我国图书馆网络数据基本处于分布式存储、分布式访问的状况，各种数据资源都有自己的数据结构、组织形式、查询方式以及显示界面，用户为了查准、查全所需要的资料，需要进入不同的查询系统和熟悉每个数据库的检索方式和显示格式。而云计算可以在技术和管理上将分布式存储在不同设备上的数据库统一起来，通过对数据库的多样性格式进行屏蔽，为用户提供统一的检索入口，使用户可以方便透明地访问多个数据库，极大地提高了信息检索的效率，扩大了共享范围。

三、利用云计算实现图书馆特色资源共建共享的可行性分析

（一）技术体系分析

目前，对于云计算技术体系的研究已经相对成熟，国内外众多专家和IT企业都提出了不同的解决方案，已形成了一些具有代表性的技术体系结构。例如，亚马逊研发的网络服务，其技术体系由4块核心服务组成：弹性云服务、简单存储服务、简单排列服务及Simple DB服务。又如，IBM的政府云计算解决方案由4层构成：硬件和操作系统的基础设施，软件系统和管理平台（包括一组部署管理软件、虚拟化组合和云计算管理系统），云计算提供的各种虚拟机，由虚拟机组合形成的各个具体的云计算使用中心。我国云计算专家刘鹏在《云计算技术原理》一文中提出了一个技术体系结构，它由物理资源层、资源池层、管理中间件层和面向服务架构的构件层组成。该体系结构全面系统地概括了不同厂商提出的云计算体系结构的主要特征和重要功能。可以说，这些技术体系和实现方案为构建云计算环境下图书馆特色资源共享系统提供了技术支持和讲演积累，因此，构建基于云计算的图书馆特色资源共享系统在技术上是切实可行的。

（二）应用环境分析

从应用环境来看，目前国际上知名的企业如谷歌、亚马逊、IBM、微软、雅虎等在云计算领域均有较成功的实践，如谷歌公司提供的谷歌文档、谷歌地图等多种应用都是基于云计算环境的，目前有超过 50 万家企业签约使用谷歌应用软件引擎，用户群已经接近 1000 万人。亚马逊公司提供的弹性云计算，已在世界范围内得到了相当高的认可，许多公司采用这个平台来搭建自己的云计算服务。IBM 公司在 2007 年发布了“蓝云计划”产品，已经建立了多个云计算中心，提供丰富的产品帮助企业建立自己的私有云。微软公司推出了新操作系统 Azure，企业用户既可以在公司计算机上运行，也可以经由微软通过互联网提供相同服务，将用“即用即付”模式对 Azure 定价。另外，雅虎、惠普和英特尔 3 家公司也共同创建了“云计算测试平台”，目前已有 50 多个研究项目与其接轨。在我国，云计算发展也非常迅猛，阿里巴巴、中国搜索、瑞星等 IT 企业均建立了自己的云计算中心，并取得了初步进展。可以说，现阶段这些云计算的应用，为构建云计算环境下图书馆特色资源共享系统积累了丰富的实践经验。

（三）运营环境分析

对于图书馆而言，通过传统模式构建特色资源共享系统会面临资金投入大、更新和维护成本高等一系列问题。而IT企业提供的云计算服务具有零设备投入、零运维成本等优点。因此，在现阶段构建图书馆特色资源共享系统，无须斥巨资购买昂贵的计算机设备，只需花少量的租金租用IT企业所提供的计算、存储、服务即可，并通过向 IT 企业支付一定的服务费用就可达到预期的效果。在云计算环境下，服务器的日常维护由云计算服务商来提供，图书馆不必另外支付费用，节省了人力、物力和时间成本。一般认为，构建图书馆基于云计算的特色资源共享系统，对图书馆来说以极低的成本投入获得高质量的资源服务，可以减少图书馆建立和维护特色资源共享系统的经费。对 IT 企业来说，可以通过提供资源服务而获利，同时也是IT企业深化和开拓市场服务领域的有效途径。可见，云计算可使图书馆与 IT 企业实现双赢。

四、云计算环境下图书馆特色资源共建共享的发展对策

（一）采取有效安全措施，确保云共享的安全、可靠与长久运行

云计算开放的接口为非法访问提供了可能，也对数据的存储、传输、平台

的可靠性及持续发展产生了新的威胁。要认真分析云共享面临的这些安全威胁，从云存储系统建设、云安全维护策略制定及安全防范、管理制度上入手，有针对性地采取有效安全措施，确保云共享的安全、可靠与长久运行，更好地为用户服务。一是要根据共享的服务内容、服务方式及服务范围等进行科学协商，制定出科学有效的云共享相关准则，以便对图书馆各方的权利、职责与权限进行划分，防止出现有问题时责任难分的现象。二是提高云中共享资源的威胁监测能力。为了提高云中所存数据的安全性，目前部分云提供商已采取了一些监测手段，如数据审计等，以便高效、准确、快速地监测到存储数据所存在的可能威胁，这种检测已成为云安全防护体系的重要部分。此外，还可建立专门的云安全集中中心，以保障云图书馆核心业务安全，有效地节约云图书馆安全建设经费。三是在云共享的信息传输中采用数据隐藏技术。四是为了保证云共享的可靠性和持续发展，图书馆云共享建设需建设云共享主存储服务中心和云共享备份存储服务中心两个完全相同的跨地域云存储数据中心，形成一个跨地域的统一安全存储平台。当主中心遭受攻击或因不可抗拒因素停止工作时，备份中心就能保障图书馆云共享存储中心的数据安全及服务不间断，解决以往困惑人们的持续性和可靠性问题。

（二）根据特色资源特点，构建共享系统结构模型

构建图书馆特色资源共享系统应遵循信息系统的一般模型。鉴于图书馆基于云计算特色资源共享系统的特殊性，需要对元数据进行处理，对现有的资源进行封装，以便于系统地查询用户需求的匹配。因此，在云计算体系结构的基础上，构建个性化的图书馆特色资源共享系统结构模型。其中各部分的任务、功能及可使用技术包括物理资源层、虚拟管理层、事物管理层和服务层。尤其是服务层，它是图书馆特色资源共享系统的实现平台，由服务接口、服务注册、资源查找、课题咨询、信息交流等内容组成。其主要功能是向用户提供应用服务和解决方案，如果图书馆云服务能真正地建立起来，就能彻底解决现阶段图书馆特色资源共建共享面临的问题。

（三）形成运行机制，确保图书馆特色资源共建共享的顺利运行

一般认为，图书馆可以以会员制的管理模式构筑其运行机制。运行机制包括协调机制和财力机制两部分。具体做法是建立一个具有综合协调组织能力的图书馆共享系统管理中心，负责特色资源共建共享全面发展规划。其主要工作包括：制定方针政策、技术标准、共享计划、服务协议等一系列运营章程，并定期做风险评估，保证“云”的安全运营。另外，由于云计算环境下图书馆特色资源共享是新生事物，各成员馆有义务将这种新的共享模式推广到更多的学校、企业，服务更多的用户，对特色资源进行公开、公平、有序的交易，推动图书馆特色资源共享的市场化，促进地方的经济发展。因此，客观上还需要政府和地方扶持，建立健全财力机制，具体设想是建立特色资源共享发展基金，基金由图书馆共享系统管理中心管理。这样，启动协调机制和财力机制，运用基金贷款支持和政策上的扶持，推动图书馆特色资源共享工作的开展。图书馆特色资源共享方案应通过合同的形式加以确立，规定各成员馆的职责、权利、义务及合同履行时间、付费形式和金额等，确保特色资源共享顺利运行。

参考文献

［1］ 贺伟，李霞，李镇伟．现代图书馆建设与管理 [M]．北京：中国戏剧出版社，2011．
［2］ 康存辉．图书馆服务思维研究 [M]．北京：中国纺织出版社，2015．
［3］ 王敏，吕巧枝．图书馆服务创新与育人：基于高职院校的实践 [M]．北京：中国农业出版社，2019．
［4］ 胡海燕，李肖．特色数据库建设与资源共享 [J]．图书馆理论与实践，2005（2）：77-79．
［5］ 马玉华．网络环境下加强高校图书馆读者信息服务 [J]．科技创新导报，2007（32）：253．
［6］ 刘鑫刚．图书馆与人文关怀 [J]．科技创新导报，2007（32）：254．
［7］ 单传花．分享经济理念下全民阅读推广服务创新研究 [J]．图书馆学刊，2018，40（7）：78-81．
［8］ 李卓卓，韩静娴，王芳．共享经济视角下的图书馆信息资源共享模式的优化 [J]．图书情报工作，2016，60（17）：20-26．
［9］ 鞠彦辉，许燕，何毅．共享经济驱动的农村图书馆众筹模式：一个多案例研究 [J]．图书馆学研究，2017（21）：31-34．
［10］ 杨秀平，张晋平．分享视角下的信息资源共享平台构建：基于分享经济模式的思考 [J]．图书馆界，2017（6）：11-14．
［11］ 吴家喜．共享经济对创新的影响机制及政策取向 [J]．中国科技资源导刊，2016，48（3）：1-5．
［12］ 孙宗伟．网络环境下公共图书馆信息资源共享共建研究 [J]．价值工程，2017，36（25）：203-204．
［13］ 陈戴．基于“分享经济”视角的图书馆数字资源推广策略 [J]．图书馆研究与工作，2018（3）：43-46．

[14] 李凤强．图书档案信息资源共建模式研究 [J]．山西档案，2017（1）：91-93.

[15] 李德娇．共享经济模式对公共图书馆知识服务的启示 [J]．图书馆学刊，2018，40（7）：31-33.

[16] 张晓东．“三全育人”理念下高校图书馆思政教育路径与对策研究 [J]．图书馆工作与研究，2019（7）：33-37.

[17] 饶权．回顾与前瞻：图书馆转型发展面临的问题与思考 [J]．中国图书馆学报，2020，46（1）：4-15.

[18] 史艳芬．图书馆第三空间建设及创新服务实践研究 [J]．图书馆，2016（6）：80-82.

[19] 杨国富．文化育人视域下高校图书馆的文化传承与创新：以浙江大学图书馆立体文化育人平台建设为例 [J]．大学图书馆学报，2018，36（3）：84-87.

[20] 李小洁．基于用户行为数据的高校图书馆门户网站建设研究 [J]．山东图书馆学刊，2020（2）：46-51.

[21] 夏娟．基于用户的数字图书馆服务创新体系建设 [J]．兰台内外，2020（11）：55-56.

[22] 许天才，潘雨亭，冯婷婷，等．高校移动图书馆服务模式现状调研与发展策略研究 [J]．图书情报工作，2020，64（3）：71-82.

[23] 李聪敏．高校图书馆微信公众号服务发展现状及解决措施 [J]．科技资讯，2020，18（15）：179-180.

[24] 赵嘉丽．高校图书馆微信公众平台服务发展现状及对策 [J]．兰台内外，2021（1）：58-60.

[25] 汝艳红．微信公众平台的文化传播功能、价值及策略研究：以图书馆微信公众平台为例 [J]．江苏经贸职业技术学院学报，2020（6）：38-40.

[26] 刘劲节，于洪洋，常盛．基于新媒体平台的公共图书馆阅读推广社会合作模式：以长春市图书馆为例 [J]．图书馆学研究，2020（24）：59-63.

[27] 艾小马，唐维．基于微信公众平台的地方高校图书馆读者服务研究：以湖南科技学院图书馆为例 [J]．电脑知识与技术，2020，16（33）：243-244.